百部青少年爱国主义教育读本

永·远·的·丰·碑·系·列

全国爱国主义教育基地·黑吉辽卷

龚苗苗◎编著

团结出版社

图书在版编目（CIP）数据

全国爱国主义教育基地. 黑吉辽卷 / 龚苗苗编著. -- 北京 : 团结出版社, 2013.4（2021.6 重印）
（百部青少年爱国主义教育读本. 永远的丰碑系列）
ISBN 978-7-5126-1732-2

Ⅰ. ①全… Ⅱ. ①龚… Ⅲ. ①爱国主义教育 - 中国 - 青年读物②爱国主义教育 - 中国 - 少年读物 Ⅳ. ①D647-49

中国版本图书馆 CIP 数据核字(2013)第 065448 号

出　版：团结出版社
（北京市东城区东皇城根南街 84 号　邮编：100006）
电　话：(010)65228880　65244790
E-mail：65244790@163.com
经　销：全国新华书店
印　制：三河市信达兴印刷有限公司

开　本：710×1000 毫米　1/16
印　张：10
字　数：140 千字
版　次：2013 年 4 月　第 1 版
印　次：2021 年 6 月　第 2 次印刷

书　号：978-7-5126-1732-2 / D.348
定　价：36.00 元

写在“百部青少年爱国主义教育读本”书前

中国人民大学中共党史系主任、博士生导师
中国中共党史人物研究会副会长
杨凤城

十年树木，百年树人。

对青少年进行爱国主义教育需要从长计议。今天的信息技术还在高速发展中，传播速度极为惊人，世界范围内的各种思想文化在人们的精神世界中相互激荡碰撞。弘扬和培育以爱国主义为核心的民族精神，是国民教育的重要任务，务必在精神文明建设过程中一以贯之，不容忽视，更不得有一丝松懈。

大处着眼，一个民族的精神必须适应时代发展的潮流，跟得上历史进程的趋势。小处着手，爱国主义教育尤其是对青少年的爱国主义教育工作，务必落实下来，落到实处，并且需要一个饶有兴味的形式呈现出来。惟其如此，爱国主义的精神气脉才能入乎眼耳，存乎心胸，真正成为个体生命的一部分。

中国人民百年来反对外来侵略和压迫，反抗腐朽统治，争取民族独立和解放，前赴后继，浴血奋斗的精神和业绩，可谓感天动地；中国共产党领导全国人民为建立新中国而英勇奋斗的崇高精神和光辉业绩，可与日月同辉。中国历史上尤其是中国近现代史上涌现出的著名爱国者、民族英雄、革命先烈和杰出人物，以及新中国成立以后涌现出的许许多多的英雄模范人物，他们是青少年爱国主义教育中最新鲜、最活泼、最具说服力的素材。

因此，对青少年推进行之有效的爱国主义教育，要突出和加强中国近现代史，尤其是中国共产党诞生之后的革命主题和红色主旋律的宣传。

“百部青少年爱国主义教育读本”系列丛书，以“弘扬红色主旋律”、“结合现实问题”为原则进行编写，紧紧围绕爱国主义教育的核心价值体系——爱党、爱祖国、爱社会主义，从历史到现实，从物质文明到精神文明，从自然风光到物产资源，对最广大的青少年进行丰富多彩、生动活泼的爱国主义教育，可谓正当其时，难能可贵。

眼前的系列读本，不禁让人眼前一亮，心生喜悦。编著者极力求其“真”——尊重史实的前提下，用生动活泼的语言讲述一个个真实可感的故事；尽力得其“趣”——饱含深情的语句让人物、事件在书中“活”了起来，“动”了起来，革命前辈的精神气息、信念品格扑面而来，感染着我们，感动着我们；竭力求其“美”——体例结构精心设计，又有大量珍贵历史图片资料作为辅助，更符合青少年的阅读习惯。一项项尽心尽力的创意和编辑工作，充分保证了这一系列读本的阅读价值。

寄望能通过快乐的阅读、有效的阅读，让孩子们的心灵之镜更明亮，让年轻一代的精神家园更加美好！

是为序。

2012 年 9 月 26 日

目 录

Contents >>>

黑龙江省

吉林省

辽宁省

黑龙江省

被誉为『神秘风景线』的国际河流——黑龙江，全长4370公里，流经黑龙江省境内的有2900公里。作为世界少有的未污染水系，黑龙江哺育了一代又一代爱国英雄。侦察英雄杨子荣牺牲在这里，『铁人』王进喜的汗水流在这里，青年领袖马骏的精神播种在这里，还有更多的无名英雄在这里，抛头颅，洒热血，保卫了祖国壮美的边疆，留下了一座座不朽的精神丰碑。

东北烈士纪念馆

概况

东北烈士纪念馆位于黑龙江省哈尔滨市南岗区赵一曼街 21 号。该馆是为了纪念在东北抗日战争和解放战争中牺牲的革命烈士而建，于 1948 年 10 月 10 日正式开馆。这也是中国最早的一所大型革命纪念馆。1997 年，东北烈士纪念馆被中宣部列入第一批全国爱国主义教育示范基地。

西欧古典主义的建筑风格使东北烈士纪念馆显得格外典雅庄重。进入大厅，正中矗立着一座手握长枪、昂首远眺的英雄雕像，这正是千千万万个在黑土地上为国捐躯的烈士们的化身。

纪念馆建筑面积为 4200 多平方米，陈列面积为 1800 余平方米，分为抗日战争馆和解放战争馆两大部分。目前，馆藏文物 5000 余件，图

◎东北烈士纪念馆

书、档案、文献、照片共30000余件，国家一级文物83件，初步构成了一部史诗般的东北革命历史画卷。纪念馆还运用景观复原、大屏幕显示等现代手段，使人身临其境于过往的悲壮场景之中。

◎抗联英雄赵尚志用过的手枪

抗日战争馆陈列着杨靖宇将军穿过的大衫、抗日将领赵尚志用过的手枪、抗日女英雄赵一曼用过的大碗以及写给儿子的遗书、东北抗日联军第三路军总指挥李兆麟牺牲时穿过的血衣以及为著名的“八女投江”所做的油画等重要历史资料和遗物，以实物的形式向参观者再现了革命英雄们在东北顽强抵抗日本侵略者的艰苦岁月。

◎抗联女英雄赵一曼用过的碗

解放战争馆展示着中国人民解放军广大将士为解放全东北进行浴血奋战的壮举和烈士们的英雄业绩，其中通过展示历史资料、观看复原图片和聆听革命故事的方式着重对历时52天，歼灭敌人47万人的辽沈战役进行了介绍。

民族英雄——李兆麟

铁岭绝岩，林木丛生，暴雨狂风，荒原水畔战马鸣。
围火齐团结，普照满天红。
同志们！锐志哪怕松江晚浪生。
起来哟！果敢冲峰。
逐日寇，复东北，天破晓，光华万丈涌。

这是东北抗日联军的创建人和领导人之一——李兆麟创作的《露

营之歌》，这首歌在战火岁月中成为激励抗联勇士报国雪耻、英勇杀敌的有力精神支柱。

李兆麟生于1910年，辽宁辽阳县人。李兆麟从小耿直刚毅，能言善辩，遇到不公平的事情总会第一个跳出来主持公道。又因勤奋好学，知事明理，所以面对日本帝国主义野蛮侵占东北，而腐败无能的政府却一再推行丧权辱国的外交政策的严酷现实，他感慨万分。他曾在书箱上写下“运思出奇，横扫千军”八个大字，表达其收回祖国河山的雄心壮志，还画过一幅《大禹治水图》展示其愿为民族解放事业贡献全部的崇高理想。

“九一八”事变后，东三省沦陷在日寇的铁蹄之下，灾难深重的中华民族已经到了生死存亡的关头。为了拯救处于水深火热中的祖国和人民，李兆麟说服了母亲，卖掉一车大豆作为路费，毅然告别了家乡父老，踏上了一条披荆斩棘的道路。

李兆麟来到北平，化名李烈生，参加了“东北民众抗日救国会”、“反帝大同盟”，结识了在“东北民众抗日救国会”担任常委的共产党地下党员冯基平（冯乃革）和担任执委的夏尚志等同志。李兆麟热情洋溢地介绍了东北辽阳一带的抗日武装斗争形势，迫切要求党去领导这些松散的抗日武装队伍，并表达自己重返家乡抗日的决心，博得了冯基平、夏尚志等同志的赞许。为了取得合法身份作掩护，李兆麟在北平私立华北大学交了学费，成为这所学校的注册学生。年底，“东北民众抗日救国会”派李兆麟到辽西义勇军第四路军耿继周部工作。不久，李兆麟回辽阳从事抗日活动。

1932年5月，李兆麟加入中国共产主义青年团，同年转入中国共产党。不久被派到本溪煤矿从事工人运动。次年8月，李兆麟被调往中共满洲省委军委工作，先后赴海伦、珠河等地参与创建抗日武装。1934年起任珠河反日游击队副队长、哈东支队政治委员、东北抗日联军第6军政治部主任、北满抗日联军总政治部主任。他曾与赵尚志共同指挥打宾州，克五常堡；与李延禄部配合袭击洼洪，攻占林口，指挥老钱柜等战斗，创建了松花江下游汤原抗日游击根据地。1939 年 5 月，李兆麟任东北抗日联军第 3 路军总指挥，率部开展松嫩平原游击战，攻克讷河、克山、肇源等县城。1941 年，当抗联部队遭受严重挫折时，他和周保中等组织整训部队，继续坚持战斗，时任东北抗联教导旅政治副旅长。

抗日战争胜利后，李兆麟任滨江省副省长、中苏友好协会会长等职。他在中苏友好协会工作期间，正是国共两党重庆谈判后的停战阶段。由于工作环境的特殊性，他经常与国民党的上层人物打交道。因他屡次无情地揭露国民党反动派破坏和平、撕毁停战协议的阴谋，敌人对他又怕又恨。为了谋害他，在中苏友协门前曾发生过国民党特务错杀李兆麟的“李钧事件”。为了李兆麟的安全，同志们经常告戒他要提高警惕，李兆麟却把个人的安危置之度外，坚定地说：“如果我的血能擦亮人民的眼睛，唤起人民的觉悟，我的死也是值得的。”

1946 年 3 月 8 日，哈尔滨市第一次庆祝“三·八”国际劳动妇女节，在马迭尔饭店召开了庆祝大会。国民党的“省长”关吉玉和“市长”杨绰庵在会上分别讲了与大会无关的“三纲五常”和讥讽东北人民当了十四年亡国奴的陈词滥调。李兆麟则代表中共哈尔滨市委热烈祝贺哈尔滨妇女这样大规模地庆祝自己的节日。他从东北沦陷时期祖国人民的悲惨处境，讲到中国人民在中国共产党领导下，经过长期抗战的艰苦奋斗，才赢得今天的胜利。他以大量事实揭露国民党反动派假和平真内战的阴谋，号召大家团结起来，为建立新中国而奋发图强，并振臂领呼口号，博得与会人的热烈掌声。国民党特务恼羞成怒，狗急跳墙地加紧策划谋害李兆麟。

3 月 9 日下午 4 时，国民党方面来信诡称某要员请李兆麟去水道街九号商谈重要事情。当汽车开到离中苏友好协会不远的地方，车突然坏了，李兆麟让警卫员帮助司机修车，自己独自去了水道街九号。一进门，国民党哈尔滨“市长”杨绰庵的秘书就将李兆麟藏有手枪的大衣脱掉并锁在衣柜里，然后领他来到了会议室的大房间。李兆麟被骗喝敌人下过氰化钾的茶水后，当即昏倒在地。一群潜伏的刽子手窜出，趁李兆麟昏迷时将他杀害。国民党反动派假和平真内战的阴谋暴露无遗。

李兆麟将军被害的噩耗传来，广大群众悲痛万分，对国民党反动派的血腥暴行义愤填膺，群情激愤。哈尔滨市举行了十几万人盛大的游行示威。中共中央机关报和东北局机关报发表了社论和报道，揭露国民党反动派的内战阴谋，抗议国民党特务杀害共产党员的恐怖政策，并召开了三天三夜的追悼大会。送葬那天，十几万人为李兆麟送行。冯仲云等领导同志和抗联老战士怀着悲痛的心情，重温李兆麟生前编写的《露营之歌》。

李兆麟不朽的英雄业绩，将永远激励着炎黄子孙，为振兴中华、捍卫祖国疆土而战斗。

八女投江

黑龙江省有一条著名的河流——乌斯浑河，它之所以家喻户晓，并不是因为其奔腾万里的滚滚江水，而是有八位抗日女战士在这里投江自尽，以身殉国。

1938 年，日本帝国主义不断扩大侵华战争，同时也加紧了对东北抗日联军的围攻。在艰苦卓绝的生存条件下，抗联第二路军决定由牡丹江畔驻地向西部的五常、舒兰一带远征，开辟新的抗日根据地。

在远征的队伍里，有一个由 30 多位女战士组成的抗联妇女团。妇女团的战士们在战斗中神勇无敌；在行军中风餐露宿，从不掉队；部队断粮时，她们就啃树皮吃野草；她们的衣服被荆棘剐破，成了披在身上的布条；她们的鞋子被碎石磨穿，垫上些干草继续穿。她们以极大的毅力克服了在频繁的战斗和艰难行军中遇到的种种困难，几千里的远征，没有一个人中途放弃。这些英勇的抗联女战士，大部分因战斗或疾病，牺牲在远征的途中，返回牡丹江畔时，全团仅剩下 8 个人。

在牡丹江地区乌斯浑河渡口，远征队伍遭遇了日伪军千余人的袭击。已行至河边的妇女团 8 名女战士，不愿大部队为了救她们而分散兵力，于是当大队战士向敌人发起冲锋的时候，8 名女战士齐声高喊：“同志们！冲出去！保住手中枪，抗日到底！”她们一连喊了三次，声音一次比一次高。大队战士听到了她们的喊声，都不忍抛下她们撤退，但敌人的火力越来越猛，战士的伤亡越来越多，为了保存抗日力量，指挥员含泪下令大队撤退。8 名女战士为了掩护大部队突围，不断向敌人射击，待到大队撤到山林深处，敌寇的注意力全部放在了隐藏在灌柳丛后面的女战士身上。

在枪林弹雨中，女战士们深知随身的弹药已经不多了，为了能够用仅存的弹药消灭更多的敌人，她们决心等到敌人更近的时候再发起最后的反抗。

敌人的迫击炮弹不断地落在河边的灌柳丛中，在女战士的四周炸开，以至于周遭没有了一点遮蔽物。女战士们打光了携带的子弹，将最后的手榴弹扔向了敌人，在浓烟的掩护下，相互搀扶着走到了

◎八女投江雕像

江边。

艰苦卓绝的战斗已经耗干了她们身上所有气力，每个人都负了伤，正值汛期的乌斯浑河看起来是多么令人绝望！可是已经没有了退路，乐观的姑娘们说好，一定要过河，宁可站着死，绝不跪着生！

姑娘们挺起胸膛互相搀扶着向乌斯浑河深处走去，岸上的敌人架起迫击炮向河面轰炸，中弹的姑娘被队员扶起继续走，水位越来越深，水流越来越急，随着敌人一排子弹的扫射，女战士们消失在了水面上，乌斯浑河回到了一片安静之中，抗联妇女团的女战士以血肉之躯捍卫了国家和自己的尊严。

她们牺牲时，年龄最小的战士只有十三岁。

侵华日军731细菌部队罪证陈列馆

概况

侵华日军731细菌部队罪证陈列馆位于黑龙江省哈尔滨市平房区新疆大街，是在侵华日军细菌战罪证遗址的基础上建立的一个专题纪念馆。1997年被中宣部公布为第一批全国爱国主义教育示范基地。

731细菌部队遗址是目前世界范围内保存下来的二战期间规模最大的细菌战遗址群，也是侵华日军731部队违背国际公约，在中国进行惨无人道的人体细菌试验的铁证。日本战败时，为了掩盖罪行，在撤离时对试验基地的设施进行了大规模地销毁和破坏。1982年，黑龙江省人民政府为保护731部队遗留的罪证遗址，确定了23处较为典型的遗址作为省级保护遗址予以保护。同时，哈尔滨市人民政府与平房区人民政府开始筹建731细菌部队罪证陈列馆，1985年建成临时陈列室对外开放。1991年，在省、市政府及国家文物局的大力支持下，平房

◎哈尔滨侵华日军第七三一部队罪证陈列馆

区人民政府开始筹建新陈列馆。1995年8月15日，“731”罪证陈列馆正式对外开放。

该馆主要包括罪证陈列馆和罪证遗址两大部分。现保存较为完好的遗址有23处，大部分分布在平房区，其中主要遗址有731部队本部大楼旧址、南门卫兵所旧址、动力班遗址、黄鼠饲养室遗址等。罪证陈列馆分16个部分，陈列厅使用面积418平方米，陈列照片160余幅，陈列罪证实物70余件和大量见证人的证言，这些证据有力地揭露了日本军国主义进行细菌战的罪恶行径。

侵华日军731细菌部队

日本军国主义为了吞并邻国、争霸亚洲，于1927年召开了东方会议，制定出：“欲征服中国，必先征服满蒙；欲征服世界，必先征服中国”的战略方针。在制造“九一八”事变不久，日本在哈尔滨市南郊二十公里的平房秘密建立了细菌研究中心——731 细菌部队。与此同时又先后在东北的长春、华北的北平、华中的南京、华南的广州和南洋的新加坡等地设了大型细菌战基地和工厂，形成了一个巨大的细菌战网络。

日本关东军第 731 部队，是日本军国主义进行细菌战的特种部队，在战略上占有重要地位。日本军人所谓的“小小的哈尔滨，大大的平房”，在某种意义上正说明了这一点。就其规模来说，它实属世界上最大的细菌工厂；就其地位来说，它归属日本陆军省、日军参谋本部和日本关东军司令部双重领导。

第 731 部队拥有从事细菌战研究人员 2600 余人，其中将级军官 5 名，佐级军官 30 余名，尉级军官 300 余名。直属各个部以及各个支队都配备佐级军官负责，对一些重要部门都配备了少将级军官负责。

第 731 部队分为八个部和四个支队，每个部都有专门执行的任务，例如第一部研究细菌、第二部做细菌试验、第三部制造细菌武器等。每一部的工作都十分细化，例如第一部下属有专门从事鼠疫研究的“高桥班”，从事冻伤研究的“吉村班”，从事赤痢研究的“江岛班”，从事脾脱疽研究的“太田班”，从事霍乱研究的“凑班”，从事病理研究的“岗本班”和“石川班”，从事血清研究的“内海班”，从事药理研究的“草味班”，从事立克次氏体（包括跳蚤）研究的“野口班”等。

灭绝人性的实验

当时在哈尔滨市有一所满洲医科大学，是日本进行所谓军事医学研究的机关。1939 年，微生物研究室主任、教授北野政次曾对 13 名健康的中国人进行了一项把自制的斑疹伤寒疫苗用在人体上的实验。

北野先给 74 岁的宋老汉注射了斑疹伤寒病毒。注射后的第八天，宋老汉开始发病，连续高烧 6 天，处于发疹期。北野为了进行验证，

◎七三一罪证陈列馆内景

残忍地把宋老汉做了活体解剖（在被用作实验的人已经发病，尚未死亡的时候进行解剖）。接着，他又给66岁的费老汉注射了病毒，没几天费老汉也发病了。但是这位老人的身体特别壮，完全抑制住了病毒的发作。病情发展到第七天，体温恢复了正常。北野又把费老汉做了活体解剖。对其余11人，北野根据实验的要求，分别给他们接种了不同数量和不同次数的斑疹伤寒疫苗，1个月后又给他们接种了病原体，结果又有五六人发了病。北野这个衣冠禽兽又从5人中挑选1人做了活体解剖。这次“实验”，使13人中的5人丧生。

另外，为了找出给入侵中国东北的日本关东军治疗冻伤的办法，731部队同样在中国人民身上做实验。这种冻伤实验是在冬季最寒冷的11月至次年3月期间进行的。

日本人通常都是在半夜里气温达零下三四十摄氏度时把中国人赶到室外，逼着他们把手脚浸在冷水里，然后再把湿淋淋的手脚晾在冷空气中。一会儿，皮肤的颜色就由白变红，由红变紫，最后又变成了乌黑色，皮肤和筋肉僵直起来，完全麻木了。这时候，实验人员就把他们拖到室内，用四楞木棒敲打他们的手脚各部，如果有喊疼的，就再把他们拖出去继续冻，直到血液凝滞起来，呈现坏死状态时才拖回来。

“治疗”开始了。实验人员把他们冻僵了的四肢放进温水里，水温慢慢升到15℃，从治疗的角度看，水的温度同冻伤程度的比例在不同条件下会发生不同的变化。为了把握这种变化，日本人反复做实验。为了找到用热水治疗冻伤的适宜温度和浸泡时间，日本人还把中国同胞冻伤的手脚直接泡到热水里。冻伤的四肢被热水一烫，立刻皮开肉绽，骨肉分离，剩下光秃秃的骨头露在外面，惨不忍睹！此时能使他们活下去的唯一办法就是截肢，好多人被活活折磨死。

日军不仅把中国人民当作细菌战实验的材料，还当作测试常规武器杀伤力及新研制武器性能的试验品。

1943年盛夏的一天，在安达试验场上排列着十几辆报废的坦克和装甲车。一会儿，离试验场不远的大道上有一辆绿色的客车飞驰而来，一直开进安达试验场。车停下以后，从车上押下十几个身穿草绿色制服、戴着手铐脚镣的人。他们是731部队从特别监狱挑出来进行武器性能试验的“材料”。他们当中有农民、知识分子、学生……当他们从监狱里被挑出来时，预感到凶多吉少，都不肯走出牢房。日本宪兵就让翻译对他们说：“不要担心，不会发生不愉快的事情，只是请你们坐一次汽车，然后就放你们回家。”日本宪兵把他们骗上汽车后，一直拉到了试验场。十几个人挨个被一条很长的绳子绑着，头尾连成一串。他们被带到坦克和装甲车面前，日本宪兵割断了拴在每个人身上的绳子，但手铐、脚镣仍然戴着，手脚不能自由活动。日本兵把他们一个个从狭窄的搭乘口塞进坦克或装甲车里，随后关闭了搭乘口。为了防止他们逃跑，日本兵在试验场的四周架着机枪。其实，此刻反抗或逃跑都是不可能的。

随着一阵哨响，一队日本兵齐步走进试验场，每个士兵的背后都背着一个火焰喷射器。随着指挥官的口令，他们分别站到距离坦克和装甲车10米、20米、30米远的位置上，摆出了射击的姿势。随着一

声命令，火焰喷射器的喷射嘴射出一道道火焰，装甲车、坦克立刻燃烧起来，温度高达1000℃以上，试验场顿时一片火海，火海中还不时响起微微的爆炸声，战车就这样燃烧着……不到20秒的时间，一辆辆燃烧的战车渐渐从黑红的浓烟中露出他们的身影，几乎所有的战车都从炮口往外蹿着火苗，坦克的履带和装甲车被火烧得七扭八歪，翻倒在地。当他们对战车内部进行检查时，只见被塞进坦克、装甲车的一个个活生生的人，此刻已变成了一具具被烧焦的尸体。

这种残酷的实验，不是一次而是反反复复地进行着，日军731部队犯下的滔天罪行罄竹难书。面对这铁的事实，后人要做到不忘国耻，珍惜和平。

铁人王进喜纪念馆

概况

铁人王进喜纪念馆旧址位于黑龙江省大庆市红岗区解放二街8号。1971年开放时仅为一栋300平方米的砖平房，旁边就是王进喜带领的1205钻井队打的大庆油田第一口油井，馆名为“铁人王进喜同志英雄事迹陈列室”。1989年在“铁人”逝世20周年之际，大庆石油管理局党委在此基础上兴建了“铁人王进喜纪念馆”，于1991年11月15日建成开馆，1997年6月被中宣部公布为第一批全国爱国主义教育示范基地。

2003年2月，中共大庆市委、市政府和大庆石油管理局共同协商，决定迁建铁人王进喜纪念馆。2006年9月26日，铁人王进喜纪念馆新馆在大庆油田发现47周年纪念日开馆。新馆位于大庆市让胡路区世纪大道和铁人大道交汇处。馆区占地面积11.6公顷，主体建筑面积2.15万平方米，展厅总面积4790平方米，展线总长度917延长米。主体建

◎铁人王进喜纪念馆

筑外形为“工人”二字组合，鸟瞰呈“工”字形，侧看为“人”字形，象征这是一座工人纪念馆。主体建筑高度47米，正门台阶共47级，寓意“铁人”47年不平凡的人生历程。建筑顶部为钻头造型，象征大庆油田奋发向上，积极进取。

铁人王进喜纪念馆展览共分：《不屈的童年》、《赤诚报国》、《艰苦创业》、《科学求实》、《无悔奉献》、《鞠躬尽瘁》、《精神永存》七部分，集中展示了“铁人”王进喜的生平业绩及用终生实践所体现出的大庆精神、铁人精神。

整个陈列以“铁人”王进喜生平事迹为主线，以大庆石油发展历史为副线，内容丰富，形式多样，除了采用照片、文字、电动图表等传统展示手段外，还采用了硅胶像、沙盘、场景复原、多媒体等现代展示手段，较好地表现了“爱国、创业、求实、奉献——石油魂”这一主题。

铁人王进喜纪念馆的六个展厅，分布在二层和三层。楼上与楼下之间有自动扶梯和直梯相通，同层展厅之间有回廊相连，总体展线呈顺时针方向走势。

在各展厅之间的通道处，根据内容的需要，增加了巨幅国画《大庆工人无冬天》和战报墙、会战诗抄墙、宣传铁人和石油会战的美术作品来烘托和渲染气氛，使观众的心绪始终徜徉在展览之中，欣赏之余领略到大庆精神、铁人精神的神韵。

时代造就铁人

王进喜是典型的“生在旧社会，长在新中国”的一代人。1923 年 10 月 8 日，王进喜出生于甘肃省玉门县赤金堡一个贫苦农民家庭，他自幼颠沛流离，6 岁就跟着双目失明的父亲四处要饭，10 岁被送到地主张武寅家放牛，15 岁被拉进玉门油田当苦力。1949 年新中国成立后，王进喜凭着不服输的干劲儿，从普通钻工一步一步成长为钻井队队长，之后加入了中国共产党，还当上了全国劳模。

1959 年参加全国群英会时，是王进喜第一次来到北京。他看到大街上的汽车，车顶上都有个大气包，就问别人那是做什么用的。人家告诉他那是煤气包，因为没有汽油。作为一个石油工人，面对这种现状，他深感内疚和沉重。而后的日子，他吃不下也睡不着，整日整夜地想着，“石油不可能只埋在外国人的地底下，‘贫油国’的帽子一定要被我扔到太平洋里去。”

机会来了！1960 年，中共中央决定在黑龙江大庆地区进行石油勘探开发大会战，全中国的石油工人齐赴大庆。

王进喜来到大庆，面对这一片黑土地，他浑身都充满了干劲儿，好像一个拳头就能打出一口井来。但是哪有那么容易啊，遇到困难的时候，王进喜的那句话一直响彻在石油工人的耳旁“有条件要上，没有条件创造条件也要上”！

好消息传来了，王进喜带领大家打的第一口井，只用了 6 天多时间，创造了当时钻井速度的纪录，质量也是全优。指挥部号召大家向王进喜和他的钻井队学习。但意外发生了，王进喜在井场指挥工人放井架的时候，一根几百斤重的钻杆掉下来砸伤了他的腿，痛得他昏了过去。工人们放下了井架，都跑去围在了他的周围。他醒后急了，猛地站起

◎王进喜用身体当搅抖机搅拌水泥

来继续指挥大家放井架，但此时鲜血已经从他的裤子上渗了出来。

打第二口井的时候，王进喜成天拄着拐杖来回指挥。一次，钻井突然发生井喷，埋在地下的原油夹杂着泥浆迸射了出来，如果不尽快堵上后果不堪设想。但是压井喷需要重晶石粉调泥浆，当时井场上没有。王进喜凭借自己多年的经验决定用水泥代替，但这是从未尝试过的办法。如果压不住发生了事故，王进喜就要承担全部责任，他并没有想这些，而是和大家一起一袋一袋地加水泥。一袋袋水泥倒进泥浆池，因为没有搅拌机，水泥都沉在了池底。在这千钧一发的时刻，王进喜忘记了自己还没痊愈的腿，一下子跳进泥浆池，用自己的身体搅拌起泥浆。工人们见状纷纷响应，经过三个小时的奋斗，井喷终于压住了。王进喜的手上和身上却被碱性很强的泥浆烧出大泡，再加上腿上的疼痛，他跌倒在了钻井上。

“铁人”王进喜有这样一句话：“一个人没有血液，心脏就停止跳动。工业没有石油，天上飞的，地上跑的，海上行的，都要瘫痪。没有石油，国家有压力，我们要自觉地替国家承担这个压力，这是我们石油工人的责任啊!”王进喜就是凭着顽强的意志承担起祖国赋予他的使命，为中国石油事业立下了汗马功劳。

大庆的“铁人”们

在大庆这块充满宝藏气息的土地上，比石油更珍贵的宝物就是无坚不摧的“铁人精神”。就像“传家宝”一样，每一个大庆人都具备着这样的精神，像“铁人”王进喜这样的民族英雄比比皆是。

马德仁和段兴枝，是两个出名的钻井队长。为了保证钻机运转正

常，在零下三十度的天气里，他们跳到泥浆池调制泥浆，衣服被水渗透后冻成了“冰盔甲”，人冻成了“冰人”。

薛国邦——大庆油田第一个采油队长，在祖国最需要石油的时候，他战胜了人们想象不到的困难，大庆的第一列原油外输的生产和装车任务就是薛国邦采油队完成的。

朱洪昌——工程队队长，为了保证供水要求，他用双手捂住管道裂缝，堵住漏水，忍着灼伤的疼痛，命令焊工在自己的手指边焊接。

奚华亭——维修队队长，在一次油罐着火的时候，他奋不顾身跳上罐顶，脱下棉衣，压住猛烈炙热的火焰，避免了一场严重事故。

毛孝忠和萧全法是两个通讯工人，在一个狂风怒吼的夜晚，用自己的身体作为导体，连接起了断开的电线，并接通了紧急电话。

许协光等 20 名管工勇士，在闷热的炎夏，每天都要钻进直径只比他们肩膀稍宽一点的一根根钢管，把总长 4800 米的输水管线，清扫得干干净净。

在大庆，“铁人”处处可见。他们从事着各式各样的工作，但他们都有一个共同点，那就是都贯注了革命精神去做好自己的本职工作。历年来，大庆油田每年都评选出这样的英雄人物多达一万多名。

这样一个无坚不克的英雄队伍会将“铁人”精神一直传承下去。

瑷珲历史陈列馆

概况

瑷珲历史陈列馆始建于 1975 年 9 月。馆址位于中国北部边陲黑龙江省黑河市瑷珲镇内的省级文物保护单位——瑷珲新城（清代第一任黑龙江将军衙门驻地、中俄《瑷珲条约》签订地）的东南部。1997 年 6 月，

◎瑷珲历史陈列馆

瑷珲历史陈列馆被中宣部公布为第一批全国爱国主义教育示范基地。

瑷珲历史陈列馆是全国唯一一座反映中俄之间不平等条约——《瑷珲条约》这一震惊世界历史事件的遗址性纪念馆，也是全国唯一一座以全面反映中俄东部关系史为基本陈列内容的专题性博物馆。陈列馆占地面积约 8000 多平方米，共展出了 258 类 502 件文物和 118 幅各种图片资料，突出了勿忘国耻、振兴中华的主题。

2000 年 9 月该馆在原有基础上进行扩建，2002 年 6 月 15 日新馆建成对外开放。新馆占地 12 万平方米，其中主体展厅建筑面积达 4000 平方米。建筑外观呈左方右圆形，中间被大三角台阶分开，寓意刀剑割裂了国土。台阶左为“母亲河”大型浮雕墙，右为寓意警钟长鸣的“1858 风铃墙”。风铃墙下的大型铜雕，象征祖国母亲失去了儿女，失去了国土。

瑷珲历史陈列馆既反映了“落后就要挨打，勿忘国耻，振兴中华”的爱国主义主题，又反映了当今世界需要“和平与发展”的时代主题。馆内展示的内容有中俄之间曾有的“血与火”的历史，也有友好与和平才带来了中俄两国稳定、发展与繁荣的重要篇章。陈列中，以模拟复原历史手法创制的“签订《尼布楚条约》、《瑷珲条约》”超写实雕

塑场景和“瑷珲被毁”开放式场景，以及“海兰泡惨案”半景画，形象生动地再现了曾经屈辱苦难的历史时刻，使人如临其境。

◎1858 风铃墙

《瑷珲条约》

在第二次鸦片战争中，沙皇俄国趁火打劫，对清政府实行讹诈，强割中国东北和西北大片领土。1689 年中俄签订《尼布楚条约》，中俄东段国界明确划定后，沙俄侵略势力虽然退出黑龙江以北地区，但是它时刻等待卷土重来的时机。第一次鸦片战争后，中国开始沦为半殖民地社会。在沙俄看来，侵吞中国领土的新时机已经来了，于是开始加紧了对中国东北和西北领土的掠夺。

1857 年 8 日，沙俄海军上将普提雅廷乘兵船到天津向清政府提出以黑龙江和乌苏里江为界的要求，称之为“外交上的远征”，遭到清政府的拒绝。但沙俄并未死心，又赴南方与英法美相勾结。

1857 年 12 月 29 日，英法联军攻占广州。沙俄政府得知这一情况，于 1858 年（咸丰八年）1 月 5 日召开“特别委员会”进行密谋。会议采纳了俄国东西伯利亚总督穆拉维约夫关于继续向黑龙江“移民”并与清政府举行以武力为后盾的外交谈判的意见。会后沙俄政府即通知清政府，穆拉维约夫已受命谈判中俄边界问题，如果中国希望了结“黑龙江问题”，可以与他会谈。

此时，第二次鸦片战争的形势对清政府极为不利。穆拉维约夫便乘机率领俄国军队直逼瑷珲城下。1858 年 5 月 20 日，英法联军攻占大沽，天津告急，北京震动。22日，穆拉维约夫在两艘炮舰护送下来到瑷珲城内与清朝黑龙江将军奕山谈判。穆拉维约夫说他此来是为了“助华防英”也是为了“保卫自己的领土”，为了双方的利益，中俄必须沿黑龙江、乌苏里江划界。这次谈判争论很激烈。散会前穆拉维约夫将俄方拟定的“条约草案”交给奕山，要求第二天答复于他。这个草案的实质就是要撕毁中俄《尼布楚条约》，强占黑龙江以北、乌苏里江以东地区。第二次谈判，由于俄方无理取闹，谈判无结果。穆拉维约夫急不可耐，再次亲自出马，以“最后通牒的方式”，提出条约的最后文本，强迫奕山签字，并恫吓说：“同中国人不能用和平方式进行谈判!”当夜，俄国兵船鸣枪放炮。

1858年5月28日，在沙俄的武力威胁之下，奕山终于屈服，被迫与穆拉维约夫签订不平等的《瑷珲城和约》，又称《瑷珲条约》，主要内容为：“黑龙江以北、外兴安岭以南60多万平方公里的中国领土划归俄国，仅在瑷珲对岸精奇里江（今苏联结鸦河）以南的一小块地区（后称江东64屯）仍保留中国方面的永久居住和管辖权；乌苏里江以东的中国领土划为中俄‘共管’；原属于中国内河的黑龙江和乌苏里江，此后亦准俄国行驶，别国不得航行。”

◎《瑷珲条约》签订情景（腊像）

这一丧权辱国的条约使瑷珲这个中国内地的小城从此变为了边城，也使黑龙江这条中国的内陆河沦为了界河，从那时起，沙皇俄国从中国夺取了一块大小等于法德两国面积的领土和一条同多瑙河一样长的河流。《瑷珲条约》的签订，为沙俄进一步掠夺中国领土开了一个罪恶的先例。瑷珲历史陈列馆记载的大量资料至今还向人们控诉着150多年前沙皇俄国的侵略罪行，为一代又一代中国人敲响了勿忘国耻、振兴中华的警钟。

哈尔滨烈士陵园

概况

哈尔滨烈士陵园始建于1948年，坐落于黑龙江省哈尔滨市动力区体育街1号。陵园占地面积4万平方米，是中国建设最早的陵园之一，全国重点烈士纪念建筑物保护单位。2001年，哈尔滨烈士陵园被中宣部公布为第二批全国爱国主义教育示范基地。

陵园由18座革命烈士陵墓、革命烈士诗抄碑林、三组烈士浮雕、革命烈士英名录碑、无名烈士雕塑、烈士骨灰安放堂和革命烈士纪念馆等纪念建筑组成。整座陵园苍松翠柏林立，四季常青，环境幽雅整洁、庄严肃穆。

正门主干道两侧是烈士纪念碑碑林。碑林共收集了52条烈士们的名言警句，字里行间突显出烈士们崇高的人生信仰和执著的人生追求。

陵园共收存和安葬牺牲于抗日战争、解放战争、抗美援朝和社会主义建设时期的208位烈士，其中有东北人民解放军炮兵司令员朱瑞、东北抗日联军第一路军第三方面军指挥陈翰章、东北抗日联军第十军军长汪雅臣、松江军区兼哈尔滨卫戍区司令员卢冬生、曾在解放战争

◎哈尔滨烈士陵园

和抗美援朝战争中荣立十次大功的战斗英雄王凤江、被江泽民誉为“当代军人楷模”的苏宁等等。

人民解放军炮兵创始人——朱瑞

在哈尔滨烈士陵园墓区的中心，矗立着一座高十米的纪念碑，碑下安葬着东北人民解放军炮兵司令员——朱瑞。他是人民炮兵的创始人，是解放战争时期东北战场牺牲的解放军最高将领，他为中国人民的解放事业、为新中国的建立，做出了不可磨灭的贡献。

1919 年，五四运动震惊全国。朱瑞的家乡也随之掀起了抵制日货、反对丧权辱国的“二十一条”的爱国风潮。14 岁的朱瑞，带着满腔热血参加爱国活动，与其他爱国主义人士一起惩处奸商、捣毁日货。这是他第一次参加学校和城镇举行的抗日政治斗争。从此，向往革命的种子悄悄埋进了朱瑞的心里。他开始阅读《新青年》、《向导》、《三叶集》等进步书刊，了解了什么是“欧战”，也第一次得知“劳工俄国”的事情。从小树立的正义感和革命意识相辅相成，随时准备从朱瑞的意识中迸发出来。

随着爱国思想与革命意识的不断成熟，朱瑞需要汲取更多的革命新知。1926 年他进入莫斯科中山大学求学。求学期间朱瑞一直秉持革命救国的态度，深入学习马克思主义理论，将所学到的理论知识与中国国情相结合，尝试着探索革命的指路。他还自觉地向党组织靠拢，并加入苏联共产党，后转为中共党员。

当时国家紧缺“文武双全”的干将，于是在 1927 年秋，朱瑞进入了莫斯科克拉辛炮兵学校学习。在那里，他与“炮兵”结下了不解之缘，同时也为之后创建人民解放军炮兵打下了坚实的基础。

1930 年初，朱瑞奉命回国，来到上海，先后任中共中央特派员、长江局军委参谋长等职。1932 年 1 月到达中央苏区，先后任中央红军第五军团十五军政委，红三军政治委员，红五军团政治委员等职。红军长征途中，他担任红一军团政治部主任。经过多次战火洗礼，朱瑞出色的军事指挥才能得到了充分地发挥，同时也积累了丰富的实际作战经验。

◎朱瑞将军墓

中共“七大”召开之时，战功赫赫的朱瑞被任命为全军副总参谋长。高官即任，朱瑞却陷入沉思。他始终认为，只有加强军队的战斗力，才能保证国家、军队和人民的安全。朱瑞看得很清，也看得很远，他想到：即使步入和平年代，国家也要有一支强有力部队作为后盾。而这个后盾就是“军中之神”——炮兵。

建立一支优秀的炮兵队伍，朱瑞责无旁贷。他找到毛泽东，并提出“辞官”。这不是朱瑞的一时冲动，而是深思熟虑后的决定。他坚定地表示："放弃全军副总参谋长的职位，为的是建立一个为国家、为全军都有利的人民军队的炮兵。"朱瑞计划建立人民解放军第一所炮兵学校的设想得到了首肯。毛泽东鼓励他说："就任炮兵校长的人选非你莫属。放手做，做一个桥头堡!"

不久，炮兵学校在延安建立。当时的条件极为艰苦，讲课时没有粉笔，朱瑞抓着白土写字，坚持为学员讲课。经过一段时期的教学和训练，炮兵学校的第一批学员以优异的成绩顺利毕业，并成为了人民军队中的骨干力量。

1948 年 9 月辽沈战役打响，朱瑞亲临阵地，在检查好火力部署后，准时下达了开炮指令。万弹齐发，滚滚浓烟从国民党的阵地升腾。接连不断的炮火按照原定计划集中在一处，经过一个半小时的激战，绵州门户要地——义县的城墙被炸开了一个大口子。步兵方阵趁势向国民党发动猛攻，穿过被炸毁的城墙，一举歼灭了守城的敌人，为辽沈战役打开了胜利通道。

胜利在望，总攻的场面令指战员们群情激奋，朱瑞的心里却还惦记着再总结一些战斗经验。比如，被攻破的城墙有多厚？炸点是否准确？为此，朱瑞带着疑问朝城墙走去，就在临近墙根的地方，"轰"的一声巨响，剥夺了一个鲜活的生命。胜利的旗帜在义县上空飘扬，却再也见不到朱瑞的身影，43 岁的他不幸踩到地雷而身亡。

朱瑞牺牲后，党中央发来唁电，指出他的牺牲"实为中国人民解放军事业的巨大损失"。为了纪念朱瑞，中央军委决定将东北炮校改名为朱瑞炮兵学校。

当代军人的楷模——苏宁

苏宁是当代中国人民解放军干部队伍中一个踏实肯干、恪尽职守、献身国防的代表人物。

苏宁 1953 年出生于山西省孝义市。1969 年 2 月应征入伍，1973 年

3 月加入中国共产党。从班长一直干到了炮兵团参谋长。凡是他所参加的工作，都能取得喜人的业绩。当战士，他是训练尖子；当班长，他带领全班夺得全团比武第一名；当干部，被师里树为基层干部标兵。

苏宁还是大家眼中的“炮兵英才”。他深知想要提高未来战争的战斗力，掌握现代军事科学知识是必不可少的，于是他在做好本职工作的同时，潜心钻研军事理论并结合现代化建设，先后撰写了 70 多篇学术论文，受到领导和军事专家的高度赞扬。

苏宁还是一个以身作则，清正廉明的军人。他的家距团里有 20 多公里，周末团里的小车可以接送他，但是他却坚持坐团里的通勤车，再转公共汽车回家。有人开玩笑说他穿“毛呢”挤公交车太掉价，苏宁却笑笑说：“群众最烦那些升官后脾气、待遇跟着涨的党员干部。我不能穿上毛料就忘了自己是普通士兵。”

1991 年 4 月 21 日，苏宁像往常一样指挥战士进行手榴弹实弹投掷训练。一名投弹手挥臂过猛，弹体碰撞到堑壕的后沿，手榴弹落在不到一米外的监护员脚下，这时苏宁看到已经拉了火的手榴弹冒着白烟，在即将爆炸的紧急时刻，他顾不上个人安危，大喊一声“快卧倒!”一个箭步冲过去推开监护员，俯身抓起手榴弹，想把手榴弹扔出堑壕，但手榴弹还未出手就爆炸了。战友得救了，苏宁却身负重伤，经抢救无效光荣牺牲，年仅 38 岁。他用自己的生命履行了他“唯有军人是用鲜血和生命为祖国服务”的誓言。

马骏纪念馆

概况

马骏纪念馆坐落于黑龙江省宁安市鸟语花香的滨河公园里，于

◎马骏纪念馆

1995年8月落成并开馆。2001年该馆被中宣部列入第二批全国爱国主义教育示范基地。

马骏纪念馆占地5000平方米，建筑面积1283米。纪念馆为三层仿古建筑，馆前簇拥着绿树红花、白色擎檐柱、弧形蓝玻璃的门窗、白色大理石墙面、回族特色的蓝琉璃瓦屋顶及飞檐，这些都使纪念馆显得庄严质朴。二层飞檐下悬挂着邓颖超亲笔题写的馆名匾额。

纪念馆中央矗立着汉白玉雕成的马骏上半身塑像，东西两侧的墙壁上各有一幅浮雕，再现了马骏在宁安从事革命事业和带领学生在天安门示威游行的场景。马骏纪念馆的基本陈列分为马骏烈士生平事迹陈列和宁安历史文物陈列。

马骏烈士生平事迹陈列包括两大主题：主题一是介绍马骏光辉战斗的一生，馆内陈列着马骏生前用过的器物、开展地下活动时用过的念珠、在敌人法庭上的辩护词手稿等珍贵文物，记载马骏革命事迹的历史文献以及照片、创作画等，翔实生动地再现了马骏烈士光辉灿烂的革命生涯；主题二是缅怀烈士、弘扬爱国主义精神，真实地再现了举国上下对马骏的深切怀念及哀悼。

宁安历史文物陈列以历史沿革为主线，通过大量文物的展示，生动直观地呈现出宁安作为历史古城深厚的文化底蕴、辈出英雄人物、独特的旅游资源和瞩目的建设成就，既丰富了宁安古城的内涵，也彰显了民族精神。

革命烈士马骏

◎马骏

马骏，又名天安，字遹泉，号淮台，1895年出生于吉林省宁安县（今属黑龙江省）一个回族家庭。他是中国共产党早期革命活动家，“五四”运动时期杰出的青年领袖之一，中国革命的先驱人物，其英勇战斗的一生在中国近代史上占有光辉的一页。

少年时代的马骏就胸怀大志，他曾在一篇作文中这样写道：“长大后我要凌空而起，驾云高飞，飞得越高，看得越远”。1912 年，17 岁的马骏进入省城一中学习，在那里他受到了初步的爱国主义教育。1915 年，马骏考入天津南开学校，结识了周恩来、邓颖超、郭隆真等一大批爱国青年，并与他们建立了深厚的革命友谊。他积极加入到周恩来等组织的“敬业乐群社”中，投身于革命洪流。

马骏具有出色的宣传和组织能力，这源于他在校期间担任校演说会、学生讨论会和自治励学会的会长等社会职务。1919 年，著名的“五四运动”在北京爆发，天津爱国学生积极响应。马骏及其挚友周恩来等热血青年勇敢地站在了斗争的最前沿。5 月 7 日，马骏被推举为“天津学生会联合会”副会长。5 月 14 日，他又被推选为“天津学联”临时主席。在如火如荼的斗争年代，马骏领导天津各界举行罢课、罢市、示威游行等斗争，他率领的学生演讲队活跃在大街小巷，向市民揭露日本帝国主义妄图灭亡中国的野心，痛斥反动政府丧权辱国的滔天罪行。同年 6 月，他和郭隆真、刘清扬等 10 人赴北京，强烈要求北

◎觉悟社成员合影，后排左3为马骏

洋军阀拒绝在“巴黎和约”上签字，经顽强激烈的斗争，反帝爱国运动取得胜利。

为了让爱国学生运动广泛开展，1919年9月，马骏和周恩来等爱国青年成立了革命团体——“觉悟社”，并出版《觉悟》杂志，他发表多篇文章勉励革命青年。1921年，马骏在天津加入中国共产党，成为天津的第一批共产党员之一。1925年“五卅运动”时，他领导吉林人民予以声援，担任“吉林沪案后援会”会长，举行大规模的反帝爱国运动。同年他奔赴莫斯科中山大学学习，1927年大革命失败后奉调回国，担任北京市委书记兼组织部长，负责重建和恢复北京市委。同年12月3日马骏不幸被捕，在狱中受尽法西斯折磨。1928年2月15日在北京英勇牺牲，年仅33岁。

马骏的一生是英勇战斗的一生，他为中国的革命事业做出了不可磨灭的贡献。

“马天安”大闹天安门

五四运动后，全国爱国主义运动方兴未艾，被革命洪流吓坏的军阀政府想尽一切办法对革命运动进行镇压。山东军阀马良残酷镇压爱国民众，杀害了“回教救国后援会”会长马云亭等领导人并逮捕了大批学生，对山东实行了全面戒严，制造了震惊全国的“山东惨案”。

马骏、刘清扬等在天津发表演说，揭露马良杀害回族爱国同胞的罪行。1919 年 8 月 26 日，马骏被选为“京津沪”赴京声讨马良请愿队伍的总指挥，率各地近万名代表到天安门请愿。反动当局如临大敌，面对请愿学生的合理要求却置之不理，拒不接见请愿代表，反而进行恐吓。他们在天安门广场布满了荷枪实弹的军警，监视着游行队伍的一举一动。28 日晚，反动政府在惊恐之中出动大批军警，他们将游行队伍驱赶到天安门城墙内，不许请愿队伍出来，但是在马骏的领导下请愿浪潮仍然一浪高过一浪。

军警当局发现马骏在请愿队伍中占据了举足轻重的地位，当局立即发出了逮捕马骏的命令。几次逮捕没有成功后，他们甚至残酷地用皮鞭和枪托殴打学生，威逼他们交出马骏，马骏不忍心战友挨打而挺身而出。反动军警用枪威逼马骏解散请愿队伍，马骏却面无惧色地说：“我们此来是抱定了死的决心，不达目的绝不罢休！”周恩来得知马骏被捕的消息后，迅速从天津赶到北京，组织起更大规模的请愿。反动政府被迫释放了马骏和全部请愿代表。

后来，马骏大闹天安门的事迹被广泛传播开来，大家亲切地称他为“马天安”，以此来纪念他同反动势力抗争到底的革命精神。

齐齐哈尔西满革命烈士陵园

概况

齐齐哈尔西满革命烈士陵园位于黑龙江省齐齐哈尔市南山公园风景区内，经过六十多年的维修和扩建，占地面积已达 4.2 万平方米，是中国东北解放区的第一座烈士陵园。2005 年被中宣部公布为第三批全

◎齐齐哈尔西满烈士陵园

国爱国主义教育示范基地。

1948 年 4 月 4 日，西满烈士陵园正式落成，毛泽东为陵园题词“共产主义是不可抗御的，星星之火，可以燎原，死难烈士万岁！”，朱德题词“浩气长存”。

陵园内安葬、安放着党的“七大”代表杨道和“辽吉功臣”马仁兴、吕明仁，嫩江省政府代理秘书长马识途、人民艺术家王大化等 608 位革命英烈。其中安葬在墓区的革命烈士有 168 位，而在革命烈士灵堂内安放了 107 位在抗美援朝、珍宝岛自卫反击战中牺牲和在社会主义建设时期为抢救国家财产而献身的英雄人物的骨灰和 333 位烈士的灵位。陵园内还设有集体烈士纪念碑 1 座，个人纪念碑、塑像 4 座。

人民艺术家——王大化

“几经沧桑，几度春秋”是人民艺术家王大化墓碑上的题词，虽然

漫长的岁月已使碑文被风蚀得模糊，但是他在人们心中光辉的形象却越发清晰。

1919 年王大化出生于山东省潍县，17 岁加入中国共产党。他不仅是一名无产阶级先锋战士，也是一位多才多艺、热情勤奋的革命青年。他参与演出的《马门教授》、《维也纳工人暴动》、《俄罗斯人》、《前线》等话剧，受到人们的一致欢迎。人们耳熟能详的《白毛女》、《拥军花鼓》、《兄妹开荒》也都是他的作品。他总是深入到生活中，捕捉艺术的灵感。他进过农民的窑洞，探访过各地的民俗风情。这种来源于生活的艺术作品，总能使普通劳动人民产生共鸣，甚至受到了毛泽东、朱德的赞赏。

抗战胜利后，王大化被派到东北，任东北文艺工作团团委委员、戏剧队长、组训部长，进行文艺演出和创作活动。解放战争中，他辗转东北各地，将他的才华融于广大民众之中，身兼编、导、演，又担任歌唱、绘画等工作，给身处战火硝烟的岁月中的百姓带来了难得的快乐。

1946 年 12 月，王大化随团抵达齐齐哈尔，在做完最后一场演出后，他赴讷河收集创作素材，途中遭遇车祸去世，年仅 27 岁。1947 年 1 月 12 日，中共西满分局、黑龙江和嫩江省党政军及文艺界为王大化举行了隆重的追悼会和葬礼，经毛泽东批准，授予王大化“人民艺术家”光荣称号，追认王大化为“革命烈士”。

革命英烈马识途

马识途生于 1903 年，辽宁省铁岭市横道河子人。1931 年毕业于北平师范大学，1936 年加入中国共产党。

“九一八”事变后，马识途毅然投入到抗日救国的斗争中，他以教师身份作为掩护，到各地宣传革命思想。在北平的时候，马识途担任过东北中学的教员，到处宣传抗日救国的思想，揭露日寇的残暴行径；

他也担任过北平中法大学教授，秘密组织青年学生的抗日活动，在知识分子中广交朋友，争取更多的人为党工作。在太行山区，他担任过行署的副科长，干部学校的教导主任，赞皇县县长。抗日战争胜利后，中国共产党面临巨大的困难，为保卫抗战的胜利成果，发展东北革命根据地，党中央立即向东北派遣大批干部和军队。1945 年 9 月，马识途与其他东北籍的干部组成第一批挺进东北的干部队。11 月 15 日，在欢庆的锣鼓声中，以于毅夫为主席的嫩江省人民政府宣告成立，马识途任嫩江省人民政府代理秘书长。人民政权的建立，使国民党反动派和伪满残渣余孽恨得咬牙切齿，千方百计想把新生的民主政权扼杀在摇篮里。

1945 年 12 月 24 日，是中国共产党领导的嫩江省政府在齐齐哈尔成立整整一个月的日子。国民党反动顽固分子选择了在这一天晚上进行暗杀行动，他们的目标是省政府主席于毅夫。月黑风高的夜里，幢幢鬼影包围了毫无防备的省政府大院，形势十分危急。匪徒持枪破窗，误打误冲进中马识途房间的时候，只问道：“你是于毅夫么?”为保护同志，马识途镇定地说：“我就是于毅夫。”话还没有说完，匪徒的数发子弹已经穿过马识途的身体，他就这样倒在了血泊之中，时年 42 岁。

侵华日军虎头要塞遗址

概况

侵华日军虎头要塞遗址位于黑龙江省虎林市虎头镇西北，是展示侵华日军罪证和第二次世界大战最后一战的专题型博物馆。2009 年，侵华日军虎头要塞遗址被中宣部列入第四批全国爱国主义教育示范

基地。

1934年至1939年，侵华日军为了实施长期霸占中国并进攻苏联的阴谋，强迫数十万中国劳工秘密修筑了虎头要塞这一永久性军事基地。要塞正面宽12公里，纵深30公里，由虎东山前沿阵地，虎北山侧翼阵地，猛虎山主阵地，虎西山、虎啸山后援阵地构成，各要塞地下交通壕脉曲折数十公里，各阵地可相通。隧道里，指挥室、弹药库、士兵休息室、粮库、浴室、发电所、电话总机房等应有尽有；地上军用机场、大型火炮阵地密布，各自形成了可单独进行攻防作战的设施，有“东方马其诺防线”之称。1945年8月8日，苏军出兵东北，8月15日日军投降，虎头要塞守军拒降，战至8月26日结束。因此虎头要塞成为第二次世界大战的终结地。

博物馆馆舍采用地上与地下相连的展览形式，展馆与历史遗址相通的建筑风格。地上展厅展出了大量侵华日军的实物和罪证及苏联红军攻占虎头要塞的史料；地下展示了虎头要塞中设施最全的虎东山遗

◎侵华日军虎头要塞遗址博物馆

址，再现了战争之残酷和日军之野心。

残酷罪行

在侵华日军虎头要塞遗址博物馆展厅中，一直保存和展示着大量当年日军侵华的罪证，当时使用过的枪支、弹药、衣物、钢盔、炊具等比比皆是。而走进 70 多年前日军逼迫中国人民为其修建的要塞隧道，在惊讶隧道的幽深与设备的齐全的同时，一股刻骨的痛与恨油然而生。

日军构筑虎头要塞是一项工程大、时间长、用人多却保密性极强的庞大工程。日军所用的劳工总计达十万多人，而这些劳工无一例外地全是中国人。在“七七事变”之前，修筑虎头要塞的中国劳工，主要来自伪满各地和关内等地，日伪当局通过抓捕“浮浪”，强征伪满“报国队”、诱招关内农民等手段，将大量中国劳工秘密送往虎头修筑要塞。“七七事变”之后，大量中国战俘也被强制从事虎头要塞工事的修筑。这些人在日军刀枪的威逼下从事着种种残酷的劳役，非人的待遇、食物的缺乏及超强度的体力劳动，使大批劳工被活活累死、饿死或是集体屠杀，冬季时被直接抛入草甸子，或弃尸于荒野山林，尸体都被野狼撕咬啃噬，场面惨不忍睹。可以说，虎头要塞是用中国劳工和战俘的累累白骨堆积而成的。

经过六年的折磨，要塞终于施工完成，日军举行庆祝宴会，将还生存的俘虏、劳工人员数百人集中在猛虎谷的洼地里，用酒菜欺骗劳工说是犒劳大家。可是当宴会进行到高潮时，日本人邪恶的嘴脸终于显露了出来，他们架起的重机枪喷出了火舌，会场顷刻化作血腥的屠场，中国劳工在痛苦中死去，堆积起来的尸体将洼地填平，没有当场死亡的劳工就会被日本士兵当做试验品打毒针或直接扔进江里，血淋淋的场面到现在都在控诉着日本对中国人犯下的滔天罪行。

杨子荣烈士陵园

概况

杨子荣烈士陵园位于黑龙江省海林市东山烈士陵园的青松翠柏之中，是为了纪念解放战争时期在剿匪战斗中牺牲的侦察英雄杨子荣烈士而建，1981 年 4 月 5 日陵园正式开放。2009 年，杨子荣烈士陵园被中宣部列入第四批全国爱国主义教育示范基地。

杨子荣烈士陵园位于东北烈士陵园的中央，建筑面积达 2760 平方

◎杨子荣烈士陵园

米，陵园内宽敞宏丽，采用专题陈列体系和现代化技术相结合的陈列手段，将杨子荣烈士的历史背景、英雄壮举、传奇故事和英雄土地的沧桑巨变展示给世人。馆内共展出杨子荣烈士遗物和文献资料 195 件及照片、题词 240 余幅。“小分队林海剿匪”景观复原、“杏树村战斗”半景画和“活捉三代惯匪‘座山雕’”幻影成像，真实而极具艺术性地再现了当年牡丹江军区二团战士穿林海跨雪原、剿顽匪的历史画面，活灵活现，栩栩如生，是陵园的三大展示亮点。

陵园南侧是正在建设中的兵器展览区，现已有中国人民解放军总装备部捐赠退役歼击机一架，目前正在运筹坦克、大炮等其他重型武器的陈列，以进一步丰富爱国主义教育内容，突出红色旅游景区特色。

侦察英雄杨子荣

杨子荣，原名杨宗贵，1917 年生于山东胶东。

1945 年秋，杨子荣参加八路军胶东军区“海军支队”，后加入中国共产党。1946 年初，部队开赴黑龙江省海林县，改编为牡丹江军区二团。杨子荣任 3 营 7 连 1 排 1 班班长，同年 4 月升为团部直属侦察排排长。为建立巩固的东北根据地，杨子荣在一年多的剿匪战斗中，大智大勇，英勇奋战，立下了许多战功并被评为“侦察英雄”、“战斗模范”。1947 年 2 月初，杨子荣只身打入匪穴，里应外合，活捉了匪首“座山雕”及其联络部长刘兆成、秘书官李义堂等 25 个土匪，创造了深入匪巢以少胜多的战斗范例，荣立三等功。2 月 23 日在海林北部梨树沟山里闹枝子沟追剿残匪的战斗中英勇牺牲，年仅 30 岁。

◎杨子荣

智取威虎山

解放战争初期，牡丹江地区匪患严重。杨子荣所在部队，担负着剿匪、保卫土改的重任。1946 年冬季，团参谋长率领 36 人的追剿队，击破奶头山之后，乘胜进军，准备消灭“座山雕”匪帮。侦察排长杨子荣得知“座山雕”已逃回威虎山，遂向参谋长汇报情况。参谋长下令继续向前方侦察，到黑龙沟会合。

“座山雕”匪帮在回威虎山途中，一路洗劫，所到之处必先烧杀抢掠，甚至强掳青壮男女上山做苦力。这一系列罪行使得乡民深受其害，却有苦不敢言。

杨子荣带队沿途侦察，访问了躲藏在深山的农户。农户得知杨子荣是中国人民解放军，并要进山剿匪，为民除害，立马将自己满腹的深仇大恨都告诉给了杨子荣，希望解放军能够为自己做主。在农户的帮助下，杨子荣还得悉了威虎山的山路和土匪的行踪，并且获得了载有土匪秘密联络地点的“联络图”，而这张“联络图”正是“座山雕”垂涎已久的。由于威虎山工事复杂，不宜强进攻，大家都认为这是智

◎杨子荣烈士墓

取的最佳时期。

杨子荣改扮成土匪，假借献图，打入威虎山内部。杨子荣来到匪窟威虎厅，机智地回应了“座山雕”的种种试探，并把“联络图”献给了他，这样取得了初步信任。“座山雕”“封”杨子荣为威虎山的“老九”和“上校团副”。但是“座山雕”对杨子荣还是深存戒心，满腹怀疑，于是设下毒计，再一次进行试探。杨子荣深入敌人的心脏，又一次巧妙地躲过了这一次试探。在取得了“座山雕”的信任之后，杨子荣开始了更为周详的计划。他通过秘密打探，获取了许多重要的情报，然后将搜集到的情报通过乡亲送下山岗。期间曾被其他匪徒发现，并被指控，但是通过杨子荣的大智大勇全都一一化险为夷。

终于，杨子荣找到了捉拿匪徒的绝佳时机。在“百鸡宴”上，杨子荣把匪徒一一灌醉，发放暗号使事先准备好的追剿队及时赶到，突然出现的解放军使匪徒手足无措，一下将匪众全部歼灭，无一漏网。

珍宝岛革命烈士陵园

概况

珍宝岛革命烈士陵园是为了纪念和安葬在珍宝岛战斗中牺牲的烈士而建造。在党和政府的关怀与支持下，发挥着巨大的爱国主义教育意义。2009 年该陵园被中宣部列入第四批全国爱国主义教育示范基地。

陵园位于黑龙江省宝清县县城东 2 公里，挠力河东岸，万金山南侧的松柏树林中。始建于 1969 年，1984 年扩建，2007 年进一步改扩建。目前，陵园占地 3.6 万平方米。园内安葬着珍宝岛自卫反击战中牺牲的 68 位革命烈士，其中包括中央军委授予“战斗英雄”荣誉称号的孙征民、杨林、陈绍光、王庆容和于庆阳。

◎珍宝岛革命烈士陵园

改扩建后的珍宝岛烈士陵园以崭新的面貌呈现在世人面前。园内新建成的革命烈士纪念馆馆名由原沈阳军区司令员刘精松亲笔题名。纪念馆层高 6.9 米，米色真石漆外墙，是一座庄严肃穆的现代式建筑。馆内展出内容以珍宝岛战士“一不怕死，二不怕苦”的精神为主线，突出展示了十位战斗英雄的事迹，通过大量的历史资料来还原珍宝岛自卫反击战。

纪念馆内按照时间和事件的发展经过共分为七个展区，依次是：宝岛自古属中华、苏军蓄意屡挑事端、奋起还击保卫边疆、英雄无畏克强敌、保卫祖国人民功臣、兵民团结天下无敌、缅怀先烈继承遗志，总共展出实物 417 件，图片 608 张，资料 179 份，内容翔实而丰富。

纪念馆的南侧为“珍宝岛革命烈士纪念碑”，碑高 7 米，宽 3 米，黑色大理石贴面。碑顶是 3 米高的自卫返击战中烈士奋起还击的雕像，碑背面刻着珍宝岛事件的发生经过。

珍宝岛自卫反击战

珍宝岛自卫反击战是中国人民解放军边防部队在珍宝岛击退苏联军队入侵的战斗。自20世纪六十年代初期后，随着中关系的不断恶化，中苏边界开始多事。六十年代中期后，苏联不断对中国实施军事压力和威胁，在中苏边界上挑起事端。

1968年12月27日，75名全副武装的苏联军人分乘7辆装甲车、卡车和吉普车侵入中国珍宝岛，打伤正在岛上执行巡逻任务的中国边防军人。1969年1月4日，中国军队登岛巡逻时，遭到30名苏军的拦阻和推打，中国边防军被迫撤回。1月6日，苏军再次入侵珍宝岛，抓走中方2名渔民。1月23日，苏军76名全副武装的军人，携带军犬，分乘4辆军车，在直升机的掩护下，突然袭击正在岛上执行巡逻任务的中国边防人员，打伤20余人，其中重伤9人。2月6日至25日，苏军又连续5次围攻、毒打中国边防巡逻人员……据统计，从1964年10月至1969年2月，苏联军队在中苏边境地区挑起各种边境事件达4180余起，比1960年到1964年的事件倍数增加15倍。

对于苏军的挑衅行径，中国边防部队严格执行中国政府、中央军委的指示，采取了极大的克制忍让，但苏联政府对中国政府的严正抗议和警告置若罔闻，苏联边防军的挑衅行为毫无收敛。

1969年3月2日8时，中国边防部队派出巡逻分队登岛执行巡逻任务。苏军发现后，立即出动70多人，从苏联境内分路紧急驶入珍宝岛，接近珍宝岛后，呈战斗队形向中国边防巡逻分队进逼。入侵苏军不顾中国边防巡逻分队发出的警告，突然开枪射击，打死打伤中国边防巡逻人员6人。巡逻第二小组听到枪声后，在班长周登国的指挥下，给侧后的入侵苏军以沉重打击。随后，巡逻分队发起反击，但遭到丛林中苏军的猛烈射击。边防战士于庆阳猛然跃起，向丛林苏军射击，吸引火力。苏军火力向他射击，击中他的头部，他倒下后不久，又顽

强地站起，端起冲锋枪继续向苏军冲击，直至英勇牺牲。副连长陈绍光指挥一个班迂回到丛林中苏军侧后，但一股苏军又从他的侧后冲来，面对两面机枪的夹击，陈绍光一面指挥分队英勇还击，一面奋勇向苏军一个机枪火力点冲去，此时他已身受重伤，但仍然坚持移动到有利位置，打掉了这个火力点后，倒在了血泊中。经 1 个多小时激战，中国边防部队击退了入侵珍宝岛的苏联边防军。

3 月 15 日凌晨，苏军边防军 60 余人在 6 辆装甲车的掩护下，从珍宝岛北端侵入。中国边防部队营长冷鹏飞奉命带领一个加强排登岛，与入侵苏军形成对峙。8 时许，苏军发起攻击，冷鹏飞沉着指挥，坚守有利地形，指挥部分兵力分割苏军，经过一个小时的激战，打退了苏军的进攻。9 时 46 分，苏联边防军在炮火掩护下，出动 6 辆坦克 5 辆装甲车接近珍宝岛，从南北两侧发起攻击，并以密集火力封锁江叉，拦阻中国边防部队登岛支援。坚守在 2 号阵地上的无坐力炮班班长杨

◎珍宝岛自卫反击战

林，占领有利地形阻击苏军，待苏军坦克驶近到只有10余米远时，他接连投出5枚手雷，打乱苏军队形，使其一辆坦克闯入雷区被炸毁。

13时35分，苏军边防军纵深炮火猛烈袭击中国防御阵地，正面达10公里，纵深约7公里。炮击2小时后，苏军100余人在10辆坦克和14辆装甲车的掩护下，发起第三次进攻。守岛的中国边防部队采用分割其步兵与装甲车、坦克的联系的作战方针与苏军近战，以减弱火力。火箭筒手华玉杰越打越勇，在零下30多度的冰天雪地里，甩掉棉衣和绒衣，先后击毁击伤苏军4辆装甲车。经50多分钟激战，胜利地粉碎了苏联边防军的第三次进攻。

这一天，苏军先后出动50余辆坦克、装甲车和100多名步兵，运用直升机和纵深炮火掩护，并炮击中国境内纵深地区。中国边防部队同入侵苏军共激战9个多小时，顶住了苏联边防军的6次炮火急袭，击退了苏联边防军的3次进攻，保卫了祖国的领土珍宝岛。

珍宝岛自卫反击战中牺牲的71位烈士，68位安眠于宝清县的珍宝岛烈士陵园，此外，齐齐哈尔的西满烈士陵园里有2位，十八站烈士陵园有1位。

大庆油田历史陈列馆

概况

大庆油田历史陈列馆是中国第一个以石油工业为题材的原址性纪念馆。该馆位于大庆市萨尔图区中七路32号，原址为大庆石油会战指挥部所在地“二号院”。2005年3月8日，决定在此筹建大庆油田历史陈列馆。周永康为大庆油田历史陈列馆题写馆名。建设大庆油田历史陈列馆历时18个月零18天，于2006年9月26日落成开馆。2009年，

◎大庆油田历史陈列馆

大庆油田历史陈列馆被中宣部列入第四批全国爱国主义教育示范基地。

自开馆以来，该馆一直担负着宣传大庆油田历史，弘扬大庆精神和石油文化的任务，不断拓宽教育渠道，丰富教育载体，创新教育方式，积极传播社会主义先进文化，提升公民思想道德素质，受到社会各界的高度评价。

大庆油田历史陈列馆占地面积15900多平方米，展馆面积4200多平方米，拥有馆藏展品7458件。馆内陈列分为“岁月大庆”、“松辽惊雷，油出大庆”、“艰苦创业，光辉历程”、“大庆赤子，油田脊梁”、“大庆精神，民族之魂”、“巨大贡献，卓越品牌”、“春风化雨，光耀征程”、“油田百年”、“百年油田畅想”九部分。通过编年体和专题式有机结合的方式，全面展示了大庆油田辉煌发展历程、油田领导的泱泱风范、企业文化的继承创新、大庆油田的巨大贡献、中央领导的亲切关怀等内容，突出表现了党领导建设社会主义工业企业成功典范的主题。

大庆油田历史沿革

20世纪六十年代以前的石油勘探，主要的技术手段是寻找石油露头。三十年代玉门老君庙油田的发现是因为石油沟里漂出油花，五十年代新疆克拉玛依油田的发现是因为维吾尔族老人贩运黑油山流出的粘油。松嫩草原的神奇在于它把石油隐藏得极其神秘，在地表上找不到任何踪迹。三、四十年代日本侵占东北的“满洲国”时期，曾经派遣地质勘探的专业人员以寻找石油为目的，在阜新和海拉尔盆地进行过钻探，但是一无所获，日本人信奉海相生油的理论，认为松嫩草原是典型的陆相沉积不可能出产大量石油，阴差阳错地没让日本侵略者发现草原下蕴藏的油田。

当年，地质学家李四光提出了地质力学的假说，预测新华夏沉降带一定有生成和储存石油的地质条件。地质部的总工程师黄汲清是中国陆相生油理论的创始人，加上苏联和匈牙利专家的协助，改写了中国石油工业的历史：松辽盆地发现了世界级的特大砂岩油田！如今，二十三位大庆油田发现者的铜版雕像还矗立在陈列馆内，寓意大庆将永铭记他们光耀石油史册的功绩。

1960年3月，大庆油田投入开发建设。几万名石油工人响应党的号召，从西北的甘肃玉门、新疆的克拉玛依、四川各地奔赴到了大庆，紧接着又从南京军区、济南军区和沈阳军区动员了上万人的部队转业官兵加入了石油会战大军，再后来从大庆附近的城乡招收的大批学徒工和半工半读的学生也云集到了大庆。一幅长7米，高2.5米的巨幅油画“会师大庆”，正是当年全国各地劳动人民纷纷汇集到大庆的真实写照。作为中国当代工业题材最大的一幅架上油画，它被一直陈列在纪念馆中。

当时的大庆可以说是在国家最需要石油的时候解了燃眉之急，它

◎油画：《会师大庆》

的发现可能不亚于“两弹一星”试验的成功。中国有了大庆石油的资源基础，就有了傲视群雄的底气。多年来，历经大庆人的开发建设，大庆仍然以在中国石油储量第一，企业规模第一，原油产量第一，当之无愧地成为中国的石油之都，跨入了世界著名石油城市的行列。

每一个盛产石油的国家都有一座或者几座钻机和炼塔相映生辉的石油城，美国的休斯敦、俄罗斯的秋明、委内瑞拉的马拉开波湖和中国的大庆。1976 年以来，大庆年产原油一直在五千万吨以上。大庆油区的发现和开发，证实了陆相地层能够生油并能形成大油田，从而丰富和发展了石油地质学理论，改变了中国石油工业落后面貌，对中国工业发展产生了极大的影响。

2010 年，对于大庆油田来说，是继往开来的一年。油田开发建设 50 年来，在党和国家的亲切关怀下，创造了举世瞩目的辉煌成就，建成了中国最大的石油生产基地。大庆油田累计生产原油 20.4 亿吨，上缴各种资金近 2 万亿元，为维护国家石油战略安全，支持国民经济发展，持续做出了高水平的贡献，成功地走出了一条党领导建设社会主义工业持续发展的道路。

大庆精神

大庆精神产生于 20 世纪 60 年代石油会战这一特殊历史时期。“铁人”王进喜一句“宁肯少活 20 年，拼命也要拿下大油田”的豪言壮语，感动、激励了几代人。当年轻的共和国经济建设急需石油的时候，以王进喜为代表的一批“大庆石油人”凭借着艰苦奋斗、无私奉献的精神开发建设了当时全中国最大的油田，从此大庆油田为国家源源不断地输送着石油，结束了中国人依赖洋油的日子。

大庆精神主要包括爱国主义精神、艰苦创业精神、求实精神和奉献精神。这四种精神相辅相成，是大庆石油工人独立自主、自力更生、艰苦创业精神的高度概括。

爱国主义是中华民族精神的核心。早在二十世纪初，就有外国专家到中国考察石油并武断地宣称“中国没有石油，中国的石油资源匮乏”。就是在这种情况下，根据党中央、国务院的战略决策，在石油部党组的领导下，短短3个月的时间里，一路路大军从祖国的四面八方，集中到了北方荒原。以“铁人”王进喜为代表的大庆石油工人们，事事以国家利益为重，集中体现了大庆石油职工为国争光、为民族争气的高度主人翁责任感和强烈的爱国主义精神。

几十年来，这种强烈的爱国主义精神深深扎根于大庆油田，截至2011年，中国的原油产量达到约两亿吨，成为世界第四大产油国。2012年公布的世界500强企业中国石油集团公司在排名中居第5位。中国石油事业的发展，壮大了综合国力，提高了中国的声誉，大长了中国人民的志气。

◎大庆油田

大庆油田的勘探与开发，是一部自力更生、艰苦奋斗的创业史，大庆精神的形成、发展，离不开独立自主、自力更生的艰苦创业精神。

在开发油田初期开赴新探区时，一次从火车上卸下来的设备离井场有 200 多公里，不巧正遇上了历史上罕见的特大雪灾，风雪交加，一片茫茫雪海，气温降到零下 30 多度。上百台车和设备困在雪海中，进退不得，广大石油工人决定用推土机抢搬设备。他们饿了啃几口冻馒头，渴了吃把雪，连续奋战 3 个昼夜，终于把设备运到井场，安装就位。

大庆油田会战时期，勤劳智慧的石油工人把革命精神和科学态度紧密结合起来，每打一口井，都要取全取准 20 项资料共 72 个数据，一个都不能少不能错。为了及时掌握油层变化规律，技术人员每天要从 2 万多口井中提取 10 万多个数据资料，每年进行 2 次大检查，以便提供科学依据。

1963 年 6 月 14 日凌晨，在值夜班的射孔中队技术员金世英，收到大队转来的一份射孔测井图。在审查图纸的时候，他发现图纸标的井口四通高度为 43 公分，比惯常高度少了 1 公分。出于对工作的高度责任心，他决定一定要搞清楚，决不让工作出现一丝误差。他立即来到大队调度室，得知这口井当天就要射孔，心里异常着急，一路小跑来到地质室，叫醒了正在酣睡的地质员，翻出射孔设计书和汇报记录本，查出是测井七队负责这口井的测量工作。他又跑到测井七队，但全队

◎王进喜同志带领 1205 队打的第一口井

的人都到井场去了。跑了一早晨，一天一夜没合眼的金世英极为疲劳，肚子也饿得咕咕直叫，但他顾不得吃饭，带上图纸和卷尺，徒步赶到很远的井场，决心不让差错从自己手里放过。他走了好久来到井场，对在场的同志说明了情况，随即对井口四通进行实地测量，实测结果正是 44 公分。就这样，金世英凭着对工作科学认真、求实严谨的态度，连续工作了 30 多个小时，先后跑了 6 个单位，询问了 9 个人，往返奔波了 40 多公里，终于消灭了这 1 公分射孔深度的差错。

正是有了在对待祖国的石油事业、对工作鲜明的求实精神和严谨的科学态度，大庆油田职工才能认认真真、踏踏实实、任劳任怨地工作；才能经得起无数的艰难困苦、挫折打击；才能在十年动乱和改革开放的伟大历史进程中继续前进，取得辉煌的成就。

大庆油田开发初期，几万名会战职工抱着为国争光、替国分忧的坚定理想信念，奋战在松辽大地。他们不讲条件、不讲时间、不讲报酬，为了出油，他们可以舍弃一切。“文化大革命”期间，在党和国家、人民遭受建国以来最严重的挫折和损失，国民经济濒于崩溃边缘的时候，大庆石油人始终以党和国家、人民的利益为重，努力在自己的工作岗位上为社会主义建设多作贡献，使原油年产量跃上了五千万吨台阶。改革开放后，大庆石油人能继续坚持和发扬奉献精神，寻找接替资源，保持稳产高产 5000 万吨以上，就是因为有一支甘愿为国分忧、无私奉献的职工队伍。

大庆精神是大庆石油人在极端艰苦的条件下创造出来的时代产物，并在开发建设大庆油田的历史进程中逐渐丰富和发展，在改革开放的伟大实践中不断成熟和深化。它集中体现了中华民族和中国工人阶级优良传统和作风，是中华民族精神和革命优良传统的传承和升华，是中国人民在建设有中国特色社会主义事业道路上取之不尽、用之不竭的力量源泉。

吉林省

吉林土地肥沃，资源丰富，历来是兵家必争之地。在这片白山黑土上，打响了震惊全国的四平战役和『四保临江』战役；发现了日伪统治时期辽源煤矿矿工种种横死的尸骨；埋下了以杨靖宇为代表的千千万万革命英雄的忠魂……沉重的历史需要后人铭记，未来的重任将赋予吉林更美的篇章。

杨靖宇烈士陵园

概况

杨靖宇烈士陵园位于吉林省通化市浑江东岸，是抗日民族英雄杨靖宇同志的安葬地和展示东北抗日联军光辉业绩的大型纪念场馆。1997 年，杨靖宇烈士陵园被中宣部列入第一批爱国主义教育示范基地。

杨靖宇烈士陵园始建于 1954 年，1958 年正式对外开放。陵园保护区占地 18 万平方米，园内共有 5 座建筑物，均为古典式琉璃瓦建筑。正面为灵堂和墓室，两侧的 4 个偏殿是杨靖宇生平业绩展厅，甬道中央矗立着杨靖宇的戎装铜像。陵园的灵堂里摆放着 1958 年由中共中央、国务院，党和国家领导人毛泽东、朱德、刘少奇、周恩来以及朝鲜民主主义人民共和国领导人金日成、崔庸健等抗联战友送来的花圈，

◎杨靖宇烈士陵园

◎杨靖宇灵堂

这些花圈已经有 50 多年的历史了，因此成为了非常珍贵的文物。灵堂后面是将军墓室，陵墓内的民族式棺柩中安放着杨靖宇的遗首和遗骨，甬道两侧的展厅内展出了杨靖宇青少年时期的遗物和他在抗日战争艰苦岁月里的有关文物、文献、照片共 280 余件，全面展示了杨靖宇光辉的一生。

铁血将军——杨靖宇

1905 年 2 月 26 日，杨靖宇出生于河南省确山县一个农民家庭里。他早年接受马克思主义，从事反帝爱国活动，探索救国救民的真理。

1919 年，“五四”青年运动席卷全国，年仅 14 岁的杨靖宇投身于火热的斗争中。1926 年杨靖宇加入中国共产主义青年团，1927 年春被选为确山县农民协会会长，4 月领导了震惊中外的豫南农民起义，即“确山暴动”。杨靖宇组织了五万农民武装围攻确山县城，经过四天的激战，占领了县城，打垮了北洋军阀第八军的一个旅，活捉了县长王少渠，建立了中国共产党领导的县级人民政权——确山县临时维持治安委员会。6 月，杨靖宇由共青团员转为中国共产党党员。

由于国民党武汉政府叛变革命，新生的革命政权遭到确山县地方顽固势力的武装反扑，杨靖宇和张家铎、张耀昶、李鸣岐等率部转移到县东刘店一带继续坚持斗争，开辟新的根据地并领导了刘店秋收起义，重新组织中国共产党确山县委员会，并成立了中国工农红军豫南游击队，杨靖宇任总指挥。这一时期，杨靖宇率部曾与数倍于己的敌人展开了激烈的搏斗，打退了国民党反动武装的进攻和地方顽固势力的骚扰。这支部队当时控制了东至马乡、南至明港、西至县城、北至水屯一百多里的大片地区，并建立了苏维埃政权。在党中央的指示下，为了开展长期的游击战争，巩固建立的革命根据地，把胜利引向全国，部队离开平原，奔赴山区，开辟了四望山革命根据地。1927 年秋末冬初，杨靖宇调往河南省委工作，在此期间曾三次被捕入狱，均被党营救获释。

1929 年，杨靖宇奉中央指示到东北工作，首先到抚顺煤矿搞工人运动，被矿上的日本特务逮捕并引渡给东北军阀。他入狱两年多，在狱中敌人用了坐老虎凳、灌辣子水、灌煤油、灌马尿、上大挂等残酷刑罚，企图摧残他的意志，而他始终坚贞不屈。1931 年春天刑满释放后，第三天再次被捕入狱，直到“九一八”事变后，经多方营救才得以出狱。

出狱后，杨靖宇又领导东北地区风起云涌、烽火连天的抗日救亡运动，进入了他一生为民族、为国家热血奉献青春的最伟大最辉煌的人生时期。他代理中共满洲省委军委书记，重点整合了以吉林盘石地区为中心的抗日游击队，派党的干部到游击队开展工作，使其成为共产党在南满掌握的最早的武装，并命名为中国工农红军第三十二军南满游击队。1933 年初，杨靖宇亲自到这支只有 250 人的部队当政委。为团结各阶层，他又把队伍的名称改为人民革命军。他吸取党在南方建立红军的经验，亲手制定了政治工作、参军和士兵优待、作战奖励等条例，使部队在打击日伪军的战斗中不断发展壮大，于 1934 年成为拥有4000余人的人民革命军第一军，并亲自担任军长。同年，江西瑞金召开中华苏维埃二次大会，杨靖宇缺席，仍被选为中央政府执行委员，这表明党中央已将他视为东北革命力量的代表。

1935年，东北人民革命军联合其他抗日武装组成抗日联军，杨靖宇任第一军军长兼政委，随后又任第一路军总指挥（下属第一、第二军），在东边道（如今的吉林东部及辽东）几十个县开辟了广大的游击区。他的基本部队有7000余人，还领导了10000人左右的统战关系部队，成为抗联中最大的一支主力军。

1940年2月23日，天空下着鹅毛大雪，经过了生死搏斗，一位年轻的抗日英雄在敌人的枪林弹雨中倒下了。惨绝人寰的日本兵蜂拥而上，将其拖到吉林省濛江县一所医院的手术台上。一个满脸杀气的日寇高级军官，声嘶力竭地冲着医生喊道：“立刻解剖！我要看看他肚子里装的到底是什么东西！”

死者的腹部被打开了，检查结果表明，他的肠胃里没有一粒粮食，只有一些还没被消化的树皮、草根和棉絮。看来，这个人死前已有好

◎杨靖宇雕像

几天没吃过饭了。在一旁观看的人偷偷问起死者是谁，一个受了伤的伪军用颤抖的声音回答说：“他就是日本人悬赏十万大洋要活捉的人——东北抗日联军第一路军总指挥杨靖宇。”

杨靖宇将军是中华民族的骄傲，2009 年他被评为 100 位为新中国成立作出突出贡献的英雄模范之一。

四平战役纪念馆

概况

四平战役纪念馆初建于 1958 年。从成立之初的鲜为人知到现在的众所瞩目，在 50 余年的曲折发展历程中，四平战役纪念馆几易名称，几迁馆舍，于 1987 年最后定名为“四平战役纪念馆”。2001 年，该馆被中宣部列入第二批全国爱国主义教育示范基地。

2005 年，四平战役纪念馆新馆建成。新馆坐落于四平市的文化中心区英雄广场上，交通便利，旅游线路畅通，人文与自然环境良好。

◎四平战役纪念馆

纪念馆西侧紧邻一战四平东北民主联军指挥所旧址，广场东侧有东北民主联军英雄铜像、马仁兴烈士雕像，东行300米则是高高耸立的四平烈士纪念塔。这几处历史文化景观与英雄广场的四平战役纪念馆相互呼应，互为依托，形成了以四平战役纪念馆为核心的四平战役红色旅游核心景区，凸显着英雄城市——四平的历史文化特色。

纪念馆主体建筑坐北朝南，建筑外形呈弧形，似在热情环抱八方而来的广大观众。新馆建筑面积达5158平方米。外墙上“四平战役纪念馆”七个鎏金大字为在东北解放战争时期曾任中共中央东北局书记的彭真同志于1988年时亲笔题写。

新馆内划分为陈列区、综合服务区、办公区。其中陈列区面积达3000平方米。陈列区内设有半景画馆、战史陈列厅、临时展厅、电影厅等。四战四平历史陈列共展出图片、历史文献、文物1000多件，结合声、光、电等多种陈展艺术形式，以强烈的视觉冲击力和艺术感染力，让参观者感觉身临60多年前四战四平那血火交织的历史情景中。

四平战役

吉林省四平市位于东北平原中部，铁路交通四通八达，是东北地区的重要交通枢纽，具有十分重要的战略意义。四平具有独特的地理优势，东部和北部是连绵起伏的山地，西部地形平坦开阔，便于大兵团在此迂回作战，使其成为兵家必争之地。

1946年至1948年东北三年解放战争期间，中国共产党领导的人民军队同国民党军队为控制四平这一战略要地，先后四次鏖战四平，从而演绎出一段闻名中外的四战四平的历史。四战四平中以四平保卫战、四平攻坚战作战时间长、投入兵力多、伤亡数量大、影响范围广而著称于世。

四平保卫战，又名二战四平。1946年1月国共双方《停战协定》签订之后，中共中央决定坚决保卫四平，阻止国民党军北进，为东北民主联军争取时间夺取战略要地，建立北满根据地，以战场上的优势为正在进行的国共有关东北问题的谈判赢得主动。但是在东北民主联军占领四平的第二天，国民党军从沈阳开始向北进攻。东北民主联军总司令林彪调集 14 个师旅守备在四平长达百余里的防线上，战况极为激烈。战事期间，国共正就东北问题进行政治谈判，四平的得失，事关各方政治军事利益得失，因此，四平战事曾引起国共两党高层领导的极度关注。东北民主联军在四平抗击着国民党 10 个整师的精锐部队的进攻，使国民党军始终未能踏进四平城半步，有力地配合了谈判斗争。在国民党军不断增援的情况下，民主联军于 1946 年 5 月 18 日主动撤离四平。保卫战历时一个月，歼敌 1.6 万余人，为东北民主联军解放北满、创建根据地赢得了时间。

四平攻坚战，又称三战四平。1947 年春，东北战局发生变化，民主联军由防御转入反攻，并决定攻打由国民党 71 军重兵把守的四平市。6 月 14 日展开总攻，战斗进行得非常艰难。据当时的香港《华侨日报》报道："四平街之争夺愈演愈烈，16 日上午共军以四团兵力冲入市区，当与国军发生白刃战。战况之惨未曾有，为东北历次战斗所仅见。"经过一星期的战斗，民主联军成功占领了国民党守军指挥中枢。但在路东战斗中，国民党军退守负隅抵抗，同时长春、沈阳方面又出动十个师来援。民主联军虽攻城过半，但因伤亡过大，继续攻城实为艰难，故于 6 月 30 日撤出四平。

四平攻坚战是场逐屋逐堡逐街逐巷反复争夺的残酷战斗，整个战斗进程异常艰难，战况之残酷震惊世人，双方伤亡约有三万人。整座城市血光飞溅，火光冲天，尸横遍地，几乎所有的建筑都毁于炮火。人民军队在这次作战中充分体现了革命英雄主义精神，涌现出许多感人至深的英雄事迹，也积累了宝贵的城市攻坚作战经验。

四平四次作战中，解放军有攻有守，有进有退，有胜利经验也有失利教训，有浴血奋战的英雄壮举，也有催人泪下的烈士悲歌。它展

示了东北民主联军的艰难成长历程，是中国人民解放军军史上的典型战例，更是中国现代革命史、地方史研究的重要课题。

四平烈士陵园

概况

四平烈士陵园位于哈大公路 102 线四平入口处，城堡式的大门宏伟壮观，两头高大威武的雄狮坐卧在大门两侧，把陵园衬托得既雄伟又庄严肃穆。2001 年，该陵园被中宣部列入第二批全国爱国主义教育示范基地。

陵园始建于 1951 年，占地 20 余万平方米，安葬着四战四平中牺牲的一万多名烈士。陵园的主轴线正中是一座由四把尖刀组成的四战四平主体纪念碑，在纪念碑底座上，镌刻着原全国人大委员会委员长彭真提写的“四平烈士永垂不朽”八个苍劲有力的大字。纪念碑后面

◎四平烈士陵园

是无名烈士墓，是国内最大的烈士合葬墓之一。无名墓的墓铭由原全国政协副主席、四平攻坚战主要指挥者之一的洪学智题写，无名墓四周是四个呈方队形的208座有名的烈士墓，无名墓与有名墓呈花盆状，寓意为陶铸的著名诗章："成仁有志花应碧，杀敌留红土亦香"。

陵园内还建有四平英烈事迹展览馆。展览馆分两个展室，分英烈榜、英烈事迹、缅怀先烈三部分内容。"英烈榜"有以抗日名将李红光为首的10083名烈士的名字及曾参加四战四平的纵队司令员方毅等5位领导的题词；有"辽吉功臣"马仁兴等48位四平战役的著名烈士照片和生平简介；还有10080名烈士英名录。"英烈事迹"展室有"不死的英雄"王西兰等6位战斗英雄的事迹。

抗日英雄李红光

李红光，1910年生于朝鲜的一个贫苦农民家中。受压迫受奴役的困苦屈辱和颠沛流离的艰难生活，铸就了李红光反抗日本侵略、执著追求翻身解放的信念。1925年，李红光因不堪日本帝国主义的奴役，随父母迁至中国吉林省磐石县。随后他开始有组织地学习和宣传马列主义，接受革命思想，1930年加入中国共产党。1931年"九一八"事变后，东三省被日寇的铁蹄践踏。中共磐石县中心县委成立赤卫队，李红光任队长。这支起初由7名朝鲜族成员组成的赤卫队，就是南满地区工农义勇军的前身，也是中国共产党在南满地区领导抗日的开始。

1932年春，李红光参加了磐石中心县委发动的蛤蟆河子大暴动。为了切断日军的联系网，李红光率众把吉海铁路老爷岭一段的路轨、桥梁、电线拆毁，保证了抗日斗争的顺利进行和群众的安全。同年6月，中共磐石中心县委正式建立磐石工农义勇军，亦称南满工农反日义勇军，李红光任队长。1932年底，南满工农反日义勇军发展到300多人，先后粉碎了敌人的4次"围剿"，取得以少胜多、以弱胜强的战果，李红光的名字不胫而走。

1933 年 11 月，义勇军改称中国工农红军第三十二南满游击队，杨靖宇亲任游击队政委，队伍分为 3 个大队和一个教导队，李红光任教导队政委，他开始跟随杨靖宇转战南北。

◎李红光

1934 年春，2000 多名日伪军在轱辘屯包围了杨靖宇、李红光率领的独立师 400 多名官兵，妄图一举消灭独立师。杨靖宇、李红光沉着应战，凭据险要地势，打退了日军进攻。之后日军又在高地周围发动猛攻，想用消耗战把抗日军困死在高地，情况十分危急。为保存有生力量，抗日军决定战略转移，由李红光率领 30 多名神枪手，埋伏在前沿阵地，掩护主力部队突围，浴血奋战 3 天 3 夜，没有成功。此时，李红光想出了一条妙计，他率领 40 多名战士乔装成撤回后方接受新任务的日本守卫队员，乘日军不断增援的混乱之机，在一个黄昏，胜利地通过了日军封锁线。随后，又以“红军突围”的假信号，诱使日军自相杀戮。抗日军趁机顺利地撤离了包围圈，向蒙江县转移，还缴获了 6 辆满载弹药、食品的汽车。

1935 年 4 月下旬，杨靖宇命李红光速去桓仁组建骑兵，以适应平原丘陵地带的作战。5 月 9 日，李红光率 200 余人从兴京向桓仁进发。在兴、桓交界的老爷岭与 200 多名日伪军相遇。李红光果断地指挥战士摆开阵势，向日军猛烈开火。日军凭借武器装备的优势，顽强抵抗。李红光以超人的胆略和指挥才能，冒着弹雨，亲临阵地指挥作战，打退敌人的多次反扑。在他搜索敌人火力位置时，不幸胸部和腿部连中数弹，倒在血泊中。因伤势过重，加之医疗条件所限，抢救无效，于 5 月 12 日壮烈牺牲，年仅 25 岁。

李红光是磐石抗日游击队的创始人，东北人民革命军第一军的杰出领导人。他虽然牺牲了，但他的精神永远活在人民的心里，他的名字也永远铭刻在四平烈士陵园的英烈榜上。

不死英雄王西兰

王西兰 1924 年生于江苏赣榆。1943 年 10 月，加入中国共产党，并被调往八路军主力部队，先后担任警卫员、通讯员、通讯班长。

抗日战争胜利后，王西兰随部队奔赴东北，任东北民主联军第一纵队第二师第五团一营二连八班长。不久，他又被调任三连三排长。1946 年 4 月，凭借自己的机智与胆量，王西兰在大洼、金山堡战斗中，先用刺刀挑死 5 个敌人，夺得 4 挺美式轻机枪，又同战友配合，缴获 6 挺轻机枪、1 支冲锋枪、8 支步枪。

1947 年 6 月，王西兰参加四平攻坚战，他带领三排连续攻下国民党的 3 个地堡，扩大了南部突破口。战斗中，王西兰被任命为代理连指导员，带领战士们顽强地打击敌人。战斗中，在他向敌人突击时，不慎左腿被炮弹片击中，他咬牙用手拔出弹片后，简单包一下就又投入战斗。天亮时，他的头、腿、脚、胳膊多处已负伤。战斗间隙，团部授予他一枚“战斗英雄”奖章，以奖励他凭着惊人的战斗力，率部连续打退敌人 7 次反扑，牢牢守住了阵地的英雄事迹。不久，在带领战士夺取街头地堡时，他左手掌心又被打穿，耳朵也被震得听不见声音。连长看他头上包着纱布，左臂、前胸、腿、脚和手的伤口都往外渗血，示意他下去休息一会儿，他却坚定地表示：“不，剩下我一个人，也不能让敌人冲到阵地上来!”此时，他的左臂已经抬不起来，就让战友帮助压上子弹，一只手按着，把冲锋枪顶在胸前射击敌人。正当他把第五梭子弹打出去时，突然，一颗炸弹在他身边爆炸，连肠子都被炸得流了出来。他忍痛慢慢站起来后，叫了一声，手一扬，倒地牺牲。战斗结束后，东北民主联军第一纵队第二师追认他为模范党员、“特等战斗英雄”，并把他所在的三排命名为“王西兰英雄排”。

延边革命烈士陵园

概况

延边革命烈士陵园位于吉林省延吉市烟集街8号，人民公园北侧。陵园建于1992年，占地5万平方米，建筑面积6165平方米。2001年6月，陵园获得中共中央宣传部颁发的“全国爱国主义教育示范基地”的荣誉称号。

园内主要包括牌楼、烈士纪念碑、纪念堂、骨灰堂、烈士墓等纪念性建筑，整个建筑群结构严谨、规模宏大，既庄严肃穆，又有着浓郁的民族特色。

烈士陵园始终以“纪念先烈、教育后人”为宗旨，在加强服务质量上下工夫，采取座谈、放映录像、流动展览等多种形式广泛宣传烈士的英雄事迹和高尚品质，使烈士形象深入人心，起到了很好的教育效果；在组织活动方面举办了“全州烈士事迹展”，纪念“勿忘九·一

◎延边革命烈士陵园

八”和抗日战争、解放战争、抗美援朝以及社会主义革命和建设时期的“革命烈士事迹展”等多次大型展览，成为延边地区最大的爱国主义教育示范基地。

延边革命烈士纪念碑

烈士纪念碑作为陵园的主体建筑，一直作为参观重点受到游客的游览。烈士纪念碑由踏步碑径、花环浮雕、五星碑身、四面红旗及碑文题字组成。四级台阶构成 20 米见方的花岗石铺面，象征着延边各族人民对革命烈士的缅怀之情。花环浮雕刻有 9 朵金达莱花，它象征着延边是“山山金达莱，村村烈士碑”，9 朵金达莱代表了军队加上延吉 8 个县市，军民共建边陲的意义。五星碑身俯视纪念碑主体，红五星形状象征着革命烈士永远闪耀着灿烂的光辉。纪念碑高 27.28 米，底座高 8 米，碑身高 19.28 米，象征延边各族人民从 1928 年开始在中国共产党的领导下走上新的革命征途。四面红旗面宽 16.30 米，象征着是延边 16300 名革命烈士的鲜血染红了这面红旗，也展示着延边各族人民在中国共产党的领导下，在抗日战争、解放战争、抗美援朝和社会主义革命和建设中无私奉献的光荣历史。纪念碑正面镌刻着江泽民同志于 1992 年 4 月 4 日的题词：革命烈士永垂不朽。纪念碑的碑文为：

◎延边革命烈士纪念碑

一百多年来，延边各族人民为中华民族的彻底解放，前仆后继，英勇斗争，付出了巨大的代价，在抗日战争、解放战争、抗美援朝中，在社会主义革命和建设中有一万六千余名英雄儿女献出了宝贵的生命，为人民立下了丰功伟绩。他们的光辉业绩和不朽的英名，将永远铭刻在延边各族人民的心中。

革命烈士之乡

延边是延边朝鲜族自治州的简称，位于吉林省东部，是中国最大的朝鲜族聚居区和东北唯一的少数民族自治州。延边先后三次被国务院命名为全国30个自治州中唯一的民族团结进步模范自治州。2008年末，全州户籍总人口为218.7万人，朝鲜族人口80.6万人，占总人口的36.8%。

延边是具有光荣传统的革命根据地之一。曾经是抗日战争的东满根据地，解放战争的可靠后方，抗美援朝的前沿阵地。在历次革命战争中，有成千上万的各族优秀儿女抛头颅、洒热血，为革命献出了宝贵的生命，为人民的解放事业创建了不朽的功勋。著名诗人贺敬之来延边视察时写下的“山山金达莱、村村烈士碑”这一著名诗句（延边现有523个革命烈士纪念碑），就是延边革命历史的真实写照。

在革命战争年代，延边人民特别是延边朝鲜族付出了巨大的代价。建国初期，延边朝鲜族人口只有50多万，其中革命烈士就有14512名。抗日战争时期有3026名烈士，解放战争时期有3713名烈士，抗美援朝时期有7773名烈士。

延边朝鲜族平均每17人中就有1人参军。父母送儿女、妻子送丈夫上前线的事迹比比皆是，也有三兄弟并肩上前线的感动实例。

在众多的延边战士中，有原全国政协副主席、中央军委委员、中国人民解放军总后勤部部长、中国人民解放军军事科学院院长赵南起上将和中国人民解放军原空军副司令李永泰中将等朝鲜族名将。

“四保临江”烈士陵园

概况

“四保临江”烈士陵园位于吉林省临江市猫耳山南坡，鸭绿江北岸，依山傍水，景色宜人。2001 年，“四保临江”烈士陵园被中宣部列入第二批全国爱国主义教育示范基地。

陵园始建于 1947 年 12 月，占地 3 万多平方米，由烈士纪念碑、烈士墓群、四保临江战役纪念馆等设施组成。地处陵园最高点的纪念碑主体高 14.6 米，是烈士陵园的标志性建筑，纪念碑正面镌刻着陈云题写的“人民烈士浩气长存”八个金光闪闪的大字。

陵园内安息着四保临江战役中牺牲的东北民主联军第四纵队第十师师长杜光华、温士友团长；抗日战争中牺牲的东北抗日联军第一军第

◎四保临江纪念碑

◎四保临江战役纪念馆

二师师长兼政委曹国安；著名战斗英雄李安仁以及抗日战争、四保临江战役、抗美援朝战争和社会主义建设时期牺牲的革命烈士共695位。

“四保临江”烈士陵园始终受到党和政府的亲切关怀和大力支持。1992年投资50万元修建了四保临江战役纪念馆，建筑面积412平方米。1994年以来又相继投资112万元，社会各界捐赠12万元，修建了通往墓区的长青门、石碑楼、凉亭、花墙和108级花岗岩踏步。108级踏步象征着艰苦卓绝的四保临江战役历时108天，四个缓步台象征着四保临江和四化建设，每个缓步台宽3米，象征着北满部队配合南满部队“三下江南”，又象征着临江市“开路、开边、开源”三开战略。2000年投资65万元重新修建了烈士纪念碑。

“四保临江”战役

1946年11月2日，国民党军队占领了通化，南满根据地仅剩下临江、长白、抚松、靖宇4县，形势岌岌可危。

12月17日，国民党纠集了五个师的兵力，一犯临江。

南满军区司令员萧劲光为了减轻根据地的压力，命令四纵三个师跳出国民党的包围圈，分三路杀向敌后。三纵加上四纵第十二师及军区地方部队则坚持内线作战。在历时 19 天的一保临江战役中，三纵打了大小战斗 43 次，战胜了优势之敌，取得了歼敌 1700 余名的战绩。

国民党第一次进犯临江被打退后，经过短暂喘息，又于 1947 年 1 月底，纠集了三个师的兵力向临江地区发动了第二次进犯。

萧劲光亲临三纵指挥作战，一举歼灭了号称“常胜军”的国民党 52 军第 195 师。在二保临江战役中，三纵连续作战九昼夜，在四纵的阻援配合下，歼灭了大量敌人。

1947 年 2 月 15 日，国民党又纠集近四个师的兵力，分左、右、中三路向临江发动了第三次大规模进犯。三纵在外线部队四纵的密切配合下，歼敌近万人，并且收复了柳河、辉南等县城，扩大了南满根据地。

1947 年三、四月间，大地回春，南满最艰苦的冬季终于过去了。国民党东北保安司令长官杜聿明趁松花江即将解冻、民主联军北满部队被迫撤回之机，又拼凑了七个师的兵力，四犯临江。此次国民党出动兵力之多，也是前所未有的。陈云和萧劲光号召南满部队要不怕牺牲，敢啃硬骨头，彻底粉碎敌人对南满根据地的进攻，从根本上扭转战争形势。并且提出了争取主动、积极捕捉一切有利的战机、集中优势兵力各个歼灭敌人的作战方针，同时决定由三纵司令员曾克林和四纵副司令员韩先楚，担任前线正副指挥，组织部队粉碎敌人的大规模进攻。在此次进攻中，国民党担当主攻的是装备精良、气焰嚣张的第 89 师。于是，萧劲光决定集中三纵第七、第八师和四纵第十师，首先吃掉该敌，振我士气，灭敌威风。部署三纵七师以一部迂回敌后，断敌退路；三纵八师和七师主力以及四纵十师，三面围敌并担任主攻；三纵九师负责阻击国民党的增援，保证正面作战。4 月 3 日凌晨，解放军各参战部队已全部悄悄占领预定位置，从三面包围敌人。6 时，解放军开始发起进攻。震天动地的炮声此起彼伏，炮弹暴雨般地倾泻到敌群中，刚刚集合好队伍正准备出发的国民党队伍，立时被打得溃不成军。战斗一直进行到当日下午 4 时。解放军以极小伤亡代价，全歼国民党 13 军第 89 师与第 54 师第 162 团。

国民党军第 89 师全军覆没，极大地挫伤了敌人的士气，四犯临江之敌纷纷仓皇退去。四保临江取得了胜利，民主联军彻底粉碎了国民党部队的进犯。

血洒临江——杜光华

“四保临江”烈士陵园里安葬着为东北解放做出了卓越贡献的东北民主联军第四纵队第十师师长杜光华。

1915 年，杜光华出生于四川省阆中市凤仪乡杜家崖一个贫苦农民家庭。生活的困苦和社会的黑暗磨炼了杜光华的革命意志，1932 年，杜光华参加了共产党在嘉陵江西南面组织的“升保农民武装暴动”，随后他又加入了红军主力部队——红四方面军，从此开始了他波澜壮阔的戎马生涯。

在红军队伍里，杜光华从一个普通的打旗兵、机抢射手被提拔为红一团的通讯班长、排长、连长，由一个放牛娃出身的穷孩子，逐渐成长为富有军事、政治才干的优秀红军指战员。

抗日战争全面爆发后，杜光华随所在的 115 师开赴抗日前线。1937 年 9 月，他随军参加了名扬中外的平型关大战和次年 9 月 20 日的山东梁山歼灭战。在这两次大的战斗中，他怀着对日本侵略者的无比仇恨，带领连队英勇冲杀，曾荣获模范连长称号。1939 年后，他很快被提任为营长、参谋长、副团长等职。

1944 年，杜光华被提任为胶东军区 14 团团长。同年 11 月 17 日，他奉命开赴郭城一带打击与日寇配合进行“报复性扫荡”的国民党地方顽固势力赵保原。下午 3 时，部队进至长沙堡高家长沙南山一带，正准备进击芦头村赵保原部队时，突然发现日寇大岛部队与伪军共计1500余人（其中日军约一千人），扫荡后向长沙堡开来。此时，日寇距长沙堡只有五公里远，如果先进攻赵保原部队，很可能两面受敌包围。在严峻的形势下，杜光华当机立断，改变了作战计划，决定抢占长沙堡附近高地，迎击日寇。

下午5时，日伪军进入14团埋伏地带。1营在正面首先向敌人发起突然攻击，各种火器一齐开火，日伪军顿时乱作一团，牲口、粮食、衣物丢得满山都是。日寇仓皇应战，利用武器优势向1营猛烈射击。后来日伪军又组织了几次冲锋，均被1营打退。此时，3营亦与扑过来的日寇激战，打退了日寇三次冲锋。

就在这时，大批敌军突然向指挥所附近的五连扑来。杜光华不顾自身的安危，下令五连上前迎敌，将敌军截住。此时，阵地前已经有50余名日军爬了上来，与八路军战士们展开白刃战。日寇已经冲到指挥部跟前来了，杜光华两眼喷火，带领团部的指战员投入到战斗中。他身先士卒，端起大盖枪向日寇猛烈扫射，完全把自身安危抛诸脑后，在他的带领下，指挥部和五连官兵连续打退敌人四次冲锋，最后迫使日寇狼狈逃窜。

次日拂晓，遭受严重打击的大岛部队向莱阳方向逃去。杜光华随即指挥部队乘胜追击，狠狠地惩治了逃敌。在长沙堡战斗中，杜光华仅以一个团的兵力，把日伪军1500人打得溃不成军，击毙日寇120人，俘敌12人，伤敌数百人，缴获武器一大批。这是日寇入侵胶东以来遭受的一次最惨重的损失，也是八路军在反“扫荡”斗争中罕见的大胜仗。

在八年抗战中，杜光华指挥部队冲锋陷阵，参加了许多著名战斗。凭借着优秀的军事才干和机智顽强的战斗作风，他赢得了一次又一次的胜利，使敌军闻风丧胆。

白山抗日纪念地（杨靖宇将军殉国地、那尔轰会师遗址、城墙砬子会议旧址等）

概况

1946 年 2 月，吉林省蒙江县更名为靖宇县，英雄战斗过的地方成为了白山抗日纪念地，这里有杨靖宇将军殉国地、那尔轰会师遗址、城墙砬子会议旧址等多处抗联遗址遗迹，是当年东北抗日联军坚持斗争时间最长、发生的重大历史事件最多、影响最广的一处纪念地，也是东北抗联精神文化研究中心。2005 年，该纪念地被中宣部列入第三批全国爱国主义教育示范基地。

杨靖宇将军殉国地位于靖宇县县城西南 6 公里，靖白公路沿线的三道崴子。1936 年东北抗日联军第一路军总司令杨靖宇在这里抒写了荡气回肠的抗日诗篇。为了纪念这位民族英雄，人们把将军殉国地建设成了园林式的公园，占地面积 150 亩，分为前导区、中心区和旅游区，以牌楼、塑像、正气亭、台阶、拱桥、纪念碑、纪念塔成一条纵

◎杨靖宇将军殉国地

轴线，将三个区连在一起。

那尔轰会师遗址位于靖宇县西南岔镇光明村于家沟里。1935 年 8 月底，东北人民革命军第二军政治部主任李学忠率第二团两个连 150 人与第一军第二师部队在南满抗日游击根据地靖宇县那尔轰胜利会师，史称“那尔轰会师”。这次会师，商讨了筹备满洲人民代表大会、筹建满洲临时人民革命政府和东北反日联合军总司令部等重大事项，为东北抗日联军第一路军的组成和东北南满省委的组建奠定了良好的基础。这次会师还使隔绝已久的东、南满游击区和根据地连成一片，扩大了抗联队伍的活动空间，打通了向东发展的通道。因此，“那尔轰会师”是东北抗日斗争史上的一次重大历史事件和重要转折点，具有十分深远的历史意义。

城墙砬子会议旧址位于靖宇县花园口镇新华村城墙砬子。1932 年 2 月 21 日至 26 日，杨靖宇领导的东北人民革命军第一军独立师，联合南满的 16 支抗日武装，在白浆河东 20 里处城墙砬子召开东北抗日联合军总指挥成立大会，杨靖宇当选为总指挥。这次会议史称“城墙砬子会议”。

那尔轰会师

1934 年 3 月，中共东满特委遵照满洲省委的指示，召开了特委与游击队负责干部会议，会议决定成立东北人民革命军第 2 军第 1 独立师，任命朱镇为师长，王德泰为政委。

独立师成立后的一年里，受到过“左”倾错误的影响但更正及时，也有很大发展，并通过战斗向伪统治薄弱的汪清、宁安、安图、额穆一带转移，开辟了新游击区。第 1 团的人数增长了一倍，第 2 团和第 4 团增长 50%，而第 3 团增长一倍半。全师由成立时的 640 人增至千余人。

1935 年 5 月 30 日，中共东满特委和东北人民革命军独立师师部，

根据中共满洲省委关于正式成立东北人民革命军第2军的指示发表宣言，宣布东北人民革命军第2军正式成立。第2军政治部还发表了《告民众书》、《告各反日部队书》。军部下设4个团，一个游击大队，一个直属警卫连和一个机枪连，军长王德泰，政委魏拯民。全军1200余人，各种枪械980余支。

◎那尔轰会师遗址

随着2军的诞生，东满抗日形势迅即发生了变化。1、2团于1935年4月向西部敦（化）额（穆）地区挺进。1团在团长安凤学、政委周树东率领下，准备与赵尚志领导的哈东支队打通联系，开辟新的游击区。途中，他们在哈巴尔岭颠覆日军一列火车，甩掉尾追之敌，后又在长图铁路南沟至亮兵台之间，接连颠覆敌火车4列，获大批战利品，沿途与日伪军交战数次，均获全胜。后因西行受阻，未能与赵尚志部会师。

1935年8月1日，中共中央和中国工农红军在长征途中，发表了《为抗日救国告全体同胞书》（即著名的《八一宣言》）。《八一宣言》号召全国各党派、各界同胞、各军队团结起来，一致抗日；提出组织国防政府和抗日联军的主张。《八一宣言》给东北抗日军民以极大的鼓舞和推动。东北人民革命军积极联合和组织队伍，着手改编为东北抗日联军，各抗日游击区不断扩大，并努力打通相互间的联系。

在《八一宣言》的鼓舞下，东北人民革命军第二军由军政治部主任李学忠率2团的2、3连150余人，于8月间组成西征队，由安图车厂子游击根据地出发，经抚松向漾江地区西征，力争与杨靖宇领导的人民革命军第一军取得联系，将东满和南满游击区连成一片，实现联合作战，建立吉辽两省边区根据地；商讨筹备东北人民代表大会，建立人民政府和东北反日联合军总司令部等重大事宜。

西征队历尽千辛万苦，终于在 8 月底到达了第一军活动的抚松、桦甸、濛江三县交界处，与一军一师一部胜利会师，西征队受到一军和游击根据地群众的热烈欢迎。

9 月 3 日，濛江县那儿轰反日会举行盛大的军民联合欢迎大会。参加欢迎会的军民达 2000 余人。17 日，根据地同心乡民众自动捐款制作锦旗两面，上书“欢迎西征”、“敬祝胜利”八个大字分别赠与二军西征队和一军。18 日，东北反日南满总会通电，热烈欢迎二军西征队。

10 月 4 日，在漾江县的那儿轰老龙岗西坡黑瞎子望于家沟召开了一、二军会晤式和军民联欢大会。杨靖宇军长出席了大会。会上，先由李学忠报告了东满形势和二军发展情况。随后由杨靖宇讲话，他指出，东满、南满游击区连一片后，人民革命军第一、二、三、四、五、六各军与各抗日军将共同组织东北抗日联军，集中力量统一领导，更有力地打击敌人。

联欢会开得十分热烈。一、二军分别演出了文艺节目。一军战士演出了杨靖宇亲自编写的歌唱表演，二军西征队表演了苏联红军舞。两军战士还举行了投弹、打靶军事比赛和军事演习。两军订立了为期一年的杀敌竞赛条约，主要内容是：1.为全部换成敌人的“三八式”步枪而斗争；2.把两军完全变成能征战必取胜的铁军；3.互相提供作战经验。

一、二军的会师，打破了日伪军对东满抗日游击区的分割包围，实现了两军的联系，为后来的协同作战，把东满与南满两大游击区连成一片，奠定了良好的基础。

城墙砬子的故事

所谓砬子，就是高耸的悬崖峭壁。抬眼望去，城墙砬子绵延 150 余米，山脊层峦叠嶂，最高处 300 余米。砬壁上的岩石状如砖形，山

体犹如一块一块砖瓦堆砌成的古代城墙，直立山间，气势恢弘。山下小溪潺潺，犹如古时的护城河一般，守卫着山体。溪边树木茂密，簇拥着城墙，使人感到安静祥和之气。山峰上几株盛开的映山红绚丽夺目，砬子顶上绿树连绵，犹如守城的士兵，站于山脊之上，不愧为松涛林海中的一大景观。

◎城墙砬子会议遗址

城墙砬子的故事和抗联有关。1932 年 2 月，杨靖宇率领东北人民革命军第一军（抗联一军的前身）独立师和其他 16 支抗日武装在城墙砬子召开了各部领导人会议，史称“城墙砬子会议”，会上成立了东北第一个抗日统一战线组织——“东北抗日联合军总指挥部”，发布了《东北抗日联军总指挥部布告》。

这次会议把南满地区抗日义勇军等众多抗日武装力量都团结在人民革命第一军独立师的周围，把抗日的领导权牢牢掌握在共产党的手中。“城墙砬子会议”是共产党领导东北人民武装抗日斗争进入新高潮的标志，是东北抗日战争向纵深发展的转折点。城墙砬子也因此成为红色旅游的一处著名景点。

日伪统治时期辽源煤矿死难矿工文物馆

概况

日伪统治时期辽源煤矿死难矿工文物馆，又名辽源矿工墓，位于吉林省辽源市市区西北约 8 公里处，是东北沦陷时期日本帝国主义在

◎辽源矿工墓陈列馆

辽源煤矿建立的东城采炭所方家柜埋葬死难矿工的墓地。2005 年该文物馆被中宣部公布为第三批全国爱国主义教育示范基地。

“九一八”事变之后，日本军国主义为扩张侵略，将沾满鲜血的魔爪伸进了辽源煤矿。为了保证其经济掠夺和维护其残酷的殖民统治，他们在矿区内设立了法西斯统治机构，对苦难的矿工在政治上进行残酷的压迫，在经济上进行疯狂的掠夺。

据资料记载，1932 年到 1945 年间，日本侵略者共掠夺煤炭 1581.9 万吨，获得近亿元的高额利润。与此同时，日本侵略者根本不把中国矿工当人看，而是当成“原材料”和火药、雷管等一并列在原材料消耗的栏目中，伤亡事故频频发生，留下了 6 个堆满中国矿工遗骨的“万人坑”，而矿工墓就是其中最为典型和集中的一处。

死难矿工文物馆始建于 1963 年，2001 年至 2003 年又对其进行了全方位大规模的维修保护建设。原有的七处尸骨陈列馆和一处“炼人炉”遗址，已在保持原貌的基础上修复一新，院中心新建一座 1055 平方米的“日伪统治时期辽源矿工墓陈列馆”，馆内利用现代化的展示手法，以真实详尽的历史资料和照片、实物，再现了日本帝国主义疯狂掠夺中国煤炭资源，残害中国人民的历史。

尸骨陈列馆

在矿工墓文物馆中共有 8 处尸骨陈列馆，保存着反映不同时期的

197 具死难矿工遗骨。

日本侵略者在辽源煤矿疯狂掠夺地下宝藏，推行了最野蛮、最残酷的“人肉开采”政策，将大量煤炭源源不断地运往自己的国土和太平洋战场。强盗们的掠夺越加疯狂，矿工们的灾难就更为深重。在每年夏末秋初，他们都在山坡上事先挖好一排排的坟沟，每天有两个专人推着小车，把死难矿工的尸体，从“病号房”、“警备班”拉到这里扔进坟沟。

第四尸骨展馆就是这一悲惨史实的有力见证。第四尸骨展馆为矿工墓尸骨陈列馆中最大的一处，人们形象得称其为“排排尸骨”。在墓地的东南坡，仅 296 平方米的范围内，竟挖掘出三排死难矿工遗骨，共计 179 具。尸骨肩靠肩，腿挨腿。经专家鉴定，有 30 多具是童工的遗骨。此处遗址具有极强的视觉震撼力，令人触目惊心。

第五尸骨展馆为日伪统治时期的“炼人炉”遗址。日本强盗为了掩盖其杀人如麻的罪恶，于 1943 年在“方家坟”的西南坡修起了一座面积约为 42 平方米的“炼人炉”。这个“炼人炉”并非高大烟囱、砖瓦结构，而是随着山坡地形挖一趟深沟，横上铁道，将死难矿工的尸体和尚未咽气的活人，横七竖八地摞起来，架上木柴、煤块、浇上汽油，点火焚烧。日伪统治时期，“炼人炉”冒出的浓烟终日不息，它究竟吞噬了多少矿工的生命，真是无法计算。但这里的遗址，虽然经过几十年的风吹日晒，水土流失，迄今为止仍留有一尺多厚的焦土和骨灰。

第八尸骨陈列馆里展出的是被酷刑折磨至死的矿工的遗骨。从尸骨头部、胸部、腿部深深的刀痕，就可以看出他们都是惨死在法西斯酷刑下的。日本强盗为了镇压矿工的反抗，就实行了“以华治华”的反动政策。他们网罗汉奸走狗，豢养把头、外勤，秘密派遣特务，长期驻在大柜、“警备班”，终日里像鬼魂一样窜进工房、住宅，跟踪盯梢，任意逮捕矿工，借以“政治犯”、“思想犯”、“经济犯”、“国事犯”等莫须有的罪名，抓进“劳务系”、“警备班”、“宪兵队”，施展举世罕见的“坐电椅”、“上大挂”、“烤火炉”、“大刀砍”、“灌辣椒水”等酷刑，进行生打活杀、刀砍斧戮。当年不知有多少矿工是被这些酷刑夺去了生命。

牛世清的工票

日伪统治时期辽源煤矿死难矿工文物馆就是发现闻名全国的牛世清“一张工票”的地方。这里原有三具尸骨，在祭扫时工作人员从中间那具尸骨的右胸部发现一个腐烂的胶夹，里边用层层蜡纸包着的一张“方家柜”给工人开支的工票。它虽然在土里埋了二十多年，但字迹仍很清楚，这张工票的主人叫牛世清。

据老工人回忆：牛世清是天津市某纺织厂失业工人，1941 年被鬼子、把头抓到辽源煤矿“方家柜”的。由于非人的待遇和沉重的劳动，他在“方家柜”仅干了一年零一个月就被大冒顶夺去了生命，怀揣着欠账的工票被扔进了“万人坑”。

工票上记载着牛世清 1942 年 11 月被逼劳动 30 天，而创造的劳动价值却都装进了日本强盗的魔腹和封建把头的腰包。据日伪资料记载：当年，每个矿工每天都要被逼生产煤炭 1.88 吨，每吨售价 22.65 元，创造价值是 1276.46 元。就在这笔浸透牛世清血泪，蕴藏牛世清满腹冤仇的劳动果实中，鬼子就以机械折旧、材料消耗、人工费用等种种借口，剥夺去 97.5%，而到牛世清名下的，就只有 2.5%，即所得工资 32.34 元。就是这少得可怜的微薄工资，他也没能拿到手，而是被日本强盗以巧立名目的各种扣款中，摊上 10 项，扣去了 27.2 元的本月扣金，再加上上月欠款 9.38 元，共扣去 36.58

◎牛世清的工票

元，本月不但分文未得，反倒欠大柜 4.24 元。这就是一个矿工在旧中国辛苦劳动一个月的所得。这张工票从一个侧面真实记录了当时日本侵略者及汉奸把头敲骨吸髓地剥削中国矿工的事实。

吉林市革命烈士陵园

概况

吉林市革命烈士陵园坐落在吉林市著名旅游区北山公园西北处的玄天岭上。陵园由烈士陵园、烈士纪念塔、烈士纪念馆三部分组成，是全国重点烈士纪念建筑物保护单位，2009 年 5 月被中宣部公布为第四批全国爱国主义教育示范基地。

革命烈士陵园建于 1954 年，1956 年修建革命烈士墓，后陆续有革命烈士、病故的老红军和革命军人被安葬在陵园内。1987 年市委、市政府决定修建革命烈士纪念馆，1995 年，在省民政厅、吉林市委、市政府和社会各界群众的支持和帮助下，革命烈士纪念馆历经 8 年建设终于落成，并于同年 4 月对外开放。

◎吉林市革命烈士陵园

园区正中矗立着抗日民族英雄、东北抗日联军第一路军副总司令魏拯民的汉白玉雕像，两侧安葬着400多位革命烈士、红军、抗日干部和因公牺牲的革命干部和军人。烈士墓碑采用天然大理石雕刻而成。

多年来，吉林市革命烈士陵园始终秉承“褒扬先烈、教育群众”的工作宗旨进行陵园的建设和开展爱国主义教育工作。纪念馆开放以来，共接待受教育群众100多万人次，有本市的各界群众，有省内外的参观团体和国际友人。每年的清明节和重大节日，社会各界群众经常在此隆重集会，举行各种纪念活动和主题教育活动，这里已成为主要的爱国主义教育场所。

革命纪念馆

吉林市革命烈士纪念馆是东北地区展出抗联英烈最多、事迹最集中的纪念馆。纪念馆位于园中山上，占地面积5443平方米，建筑面积1634平方米，沿着66级石阶而上，呈现的是民族传统四合院式琉璃瓦起脊建筑的纪念馆。纪念馆陈列面积518平方米，共3个展厅，正厅是魏拯民专馆。二、三展厅分别为江城英烈展厅和抗联英烈展厅。

1993年8月9日，原中共中央政治局常委、中央军委副主席刘华清来吉林视察时，亲笔为纪念馆题写了馆名，“吉林市革命烈士纪念馆”10个大字苍劲有力地赫然镶嵌在纪念馆的门楣之上。左侧是江城英烈展厅，陈展了10位在解放吉林、建设吉林以及抗美援朝战争中献出宝贵生命的革命烈士事迹。右侧是抗联英烈展厅，陈展了16位出生或牺牲或战斗在吉林大地上

◎吉林市革命烈士纪念馆

的抗联将士的事迹。

纪念馆馆藏文字400余万字，油画、国画、画照等264幅。陈展实物178件，照片、文稿等90余张，集中展现了抗日民族英雄魏拯民等27位革命烈士的英雄事迹。

革命烈士纪念馆以魏拯民纪念馆为主要展览，展览由序厅和魏拯民事迹展两部分组成。走进纪念馆序厅，映入眼帘的是镶嵌在黑、灰、白三色石材交错而成的山形、雪状之中的魏拯民白色半身浮雕像，展示着魏拯民血洒长白山的悲壮场景。雕像的对面陈展着毛泽东、邓小平、江泽民、胡锦涛的题词。

魏拯民事迹展分"求索与成长"、"赴抗日前线"、"转战长白山"、"丹心映山红"四个部分，通过高浮雕塑、影像雕塑、硅橡胶仿真塑像、场景复原、场景模拟、电子演示屏等高科技表现手段详细展现魏拯民这位抗日民族英雄领导东北抗日联军武装抗击日本侵略者的一幕幕历史画面。

其中自然光源大型复原景观——东北抗联长白密营是纪念馆的一大亮点，占地257平方米，高15米，人物为硅橡胶仿真塑像，现场采用声、光、电、雪花幻相机和配音等现代科技技术，结合自然植物、密营建筑与人物造型融合的艺术形式，再现长白山深处杨靖宇、魏拯民和战士们当时的战斗生活场景，是目前国内利用自然光源建造的最大一处复原景观。

魏拯民

1909年2月3日，魏拯民出生于山西省屯留县一个农民家庭。1925年，16岁的魏拯民只身徒步500多里山路赴省城太原应试，以优异的成绩考取了山西省立第一中学。在这里他结识了中国共产党的早期领导者傅懋恭（彭真）等同志。在他们的引导下，魏拯民投身到了救国救民的社会革命中。1927年1月，魏拯民光荣地加入中国共产党，从此成为无产阶级先锋队中的一员。

“九一八”事变后，国民党采取的不抵抗政策激起了全国人民的极大愤慨，中国共产党提出收复失地、坚决抗日的主张，选派了许多优秀干部到东北地区工作，魏拯民就是其中之一。他先后担任哈尔滨市委组织部长、道外区委书记和市委书记等职，在满洲省委的领导下积极开展抗日工作。

1935 年 2 月，魏拯民当选为东满特委书记，5 月，东北人民革命军第二军正式成立，魏拯民担任政委，他发表了《告各反日部队书》，号召一切反日部队、反日团体组成抗日联合指挥部，互相配合，协同作战，结成广泛的抗日民族统一战线。

不久，东北人民革命军第二军改编为东北抗日联军第二军，魏拯民担任政委，他和军长王德泰共同领导第二军向长白山区战略转移，在转移途中，一举摧毁日军驻守在安图、敦化、桦甸三县交界大蒲柴河镇的据点，歼敌 500 多人，为与杨靖宇部队胜利会师扫清了障碍。

1936 年 7 月，东北抗日联军第一路军成立，东满、南满党的组织合并为东南满省委，魏拯民任省委书记兼第一路军政治部主任。东南满地区抗日游击工作的空前发展使日本侵略者惶恐不安，他们除了调集重兵“讨伐”外，还采取了“归大屯”、“保甲连坐”、“三光”政策等法西斯手段，妄图断绝人民群众与抗联的联系，党和军队的工作遇到了极大的困难。为了对付敌人的“讨伐”，魏拯民指挥部队在深山老林中修建了许多密营，储存了粮食给养和枪支弹药，做好了应变的充分准备；同时利用密营与日军周旋，寻找机会打击日军，取得了抚松县城歼敌百余人、穆棱截击日军列车和小汤河反击战、安图截击战等多次大捷。

1938 年初，魏拯民与杨靖宇共同主持召开中共东南满省委和抗联第一路军高级干部联席会议，会上魏拯民被任命为第一路军副总司令。为了避开敌人大兵力的“讨伐”和解决粮食困难问题，他将部队化整为零，分散在长白山麓，开展游击战争。

长期恶劣的斗争环境使魏拯民积劳成疾，身患严重的胃病和心脏病，但他仍顽强地坚持对敌斗争，不停地起草文件与党中央保持联系。杨靖宇壮烈牺牲后，魏拯民忍住悲痛带病出征，承担起了统帅和领导东北抗联第一路军和东南满省委的全部重任。

1940 年末，魏拯民病加重，在抱病征战半年之后，无情的病魔迫使他离开部队到桦甸县抗联密营休养。他不顾病痛的折磨，夜以继日地写指示信，总结经验教训，经常鼓励战友们要坚定革命胜利的信心。

1941 年 3 月 8 日，因叛徒的告密，100 余敌人突然包围了桦甸县四道沟抗联密营，重病之中的魏拯民率 7 名抗联战士奋起反击，终因寡不敌众，全部牺牲，魏拯民牺牲时年仅 32 岁。惨无人道的日伪军到密营地扒出了他的遗体，割下了头颅并进行了焚烧。后来，战友和当地的老乡们将他残留的遗骨埋在了密营旁的一棵松树下。这棵树仿佛附上了烈士的英魂，至今还生长在密营地。

伪满皇宫博物院暨东北沦陷史陈列馆

概况

伪满皇宫博物院暨东北沦陷史陈列馆位于长春市东北角，是中国末代皇帝爱新觉罗·溥仪充当伪“满洲国”傀儡皇帝时的宫廷遗址。伪满皇宫以其独特的历史背景，浓厚的文化底蕴，多重的教育内涵成为中国近现代殖民文化的典型纪念地和警示性教育基地，2009 年被中宣部列入第四批全国爱国主义教育示范基地。

伪满皇宫内大小建筑数十座，建筑风格各异，既有欧洲哥特式建筑，又有中日合璧的殿堂，也有中国传统的带廊瓦房。其气势和威严，

◎伪满洲国皇宫

较之紫禁城不可同日而语，但它却有其自身的殖民特色。宫廷主体部分即核心保护区占地 4.6 万平方米，其余为附属部分。主体部分分为东、西两院，西院以中和门为界分为内廷和外廷两部分。

伪满皇宫是溥仪由中国封建社会的末代皇帝到殖民地傀儡皇帝的终结之地，蕴涵着丰富的爱国主义教育内容。为了更加凸显这一功能，2006 年 9 月 18 日，伪满皇宫博物院新建成的东北沦陷史陈列馆正式建成，并对外开放。

东北沦陷史陈列馆占地 1.06 万平方米，展览面积 5600 平方米，分为地下一层，地上三层。主要举办《勿忘“九一八”——日本侵略中国东北史实》展览，该展览以沦陷篇、残暴篇、抗争篇三大板块构成，分为武力侵占中国东北、炮制傀儡政权、摧残民族意识、残酷镇压、疯狂掠夺、移民侵略、以东北为基地继续侵略扩张、东北人民的抗日战争和历史的反思共九个部分。它站在历史的高度，深入挖掘了警示性文化内涵，人性化理念贯穿在新颖独特的艺术设计中。

伪满皇宫博物院核心区域的展览与东北沦陷史陈列馆在展览内容上遥相呼应，资源互补，强有力地揭露了日本帝国主义侵略中国的可恶本质，深刻地记载了中国人民那段最悲惨、最屈辱的历史。它用铁一般的事实阐明了这样的道理：落后就要挨打，落后就要成为亡国奴；

世界需要和平，人类需要发展。

东北沦陷史

日本军国主义者觊觎中国之心由来已久，并一直把侵略中国作为既定国策。1931 年 9 月 18 日，日本关东军经过精心策划自行炸毁了南满铁路柳条湖附近的一段路轨，并布置假现场，反诬称是中国军队所为，遂以此为借口，炮轰沈阳北大营中国军队驻地。这就是震惊中外的“九·一八”事变。

在进攻北大营的同时，日军紧锣密鼓地向沈阳进攻。由于东北军绝大多数部队执行了蒋介石“绝对不抵抗”的命令，一夜之间，沈阳全面陷落。

长春是南满铁路的北端，是东北地区的重镇，具有极其重要的战略意义。19 日凌晨 4 时，日军向长春发动总攻，中国守军奋起抵抗，后在吉林省军参谋长熙洽“毋须抵抗”的命令下含愤撤退。当日 22 时，长春失陷。

长春沦陷之后，吉林形势紧张。但在日本人的策动下，掌握吉林军政大权的熙洽公然投敌卖国。21 日下午 8 时，日寇一弹未发占领吉林。

与此同时，关东军以进兵吉林为由强烈要求驻朝日军越境。21 日下午 1 时 20 分到 4 时 30 分，驻朝日军开始擅自越境，加入到侵略东北的行动中。24 日关东军占领洮南，妄图占领黑龙江省。黑龙江省主席马占山坚决抵抗，但由于力量悬殊，中国军队于 11 月 18 日撤往海伦。19 日，关东军侵入齐齐哈尔。

在侵占东北的过程中，有两个地方日军绝不会放过，锦州和哈尔滨。前者是入关门户，后者是北满政治经济中心、苏联势力的大本营。

12 月 15 日，日本参谋本部便批准关东军以“讨匪”之名进攻锦州。12 月 17 日，又向关东军颁发了增派第八混成旅团的奉敕命令。21 日，日军对辽西展开全线进攻；右翼占领了法库、彰武，把重点置于

◎东北沦陷史陈列馆

营沟线即营口至沟邦子一线。26 日，日军完成进攻锦州的准备。12 月 27 日，日军再一次大规模增援关东军，抽调了第 9 师团的第三十七混成旅团和第三师团的重型轰炸机中队。日军集中兵力，准备与东北军决战。12 月 29 日，关东军第二师团占领盘山；30 日，日军混成第三十九旅团完成了对辽西重镇打虎山的占领。至此，作为重点的左翼营沟全线已被关东军占领。日军集结于大凌河左岸，准备进攻锦州。

在这关键时刻，拥有优势兵力并已做好抗敌准备的中国军队却临阵脱逃。在 1932 年 1 月 3 日，关东军第二师团占领锦州，数万重兵不战而退，实在令国人为之痛愤。

锦州一陷落，日军立即调头北侵哈尔滨。但日军认为如果以日军主力进攻，会有国际舆论压力。因此，1932 年初，日军利用吉林伪军打着剿匪名义北上进犯哈尔滨。后伪军因遭到哈尔滨驻扎军队的痛击而溃败。日本第 2 师团于 1932 年 1 月 29 日在长春集结，准备亲自上阵。在哈尔滨，抗日的冯占海、李杜、丁超部也严阵以待。1 月 31 日，日军开始发动疯狂进攻，由于双方实力相差悬殊，抗日军与日军激战 3 天 3 夜，终因实力相差太大而败退。1932 年 2 月 5 日，日军占领哈尔滨。

至此，日军在短短的 4 个多月占领了整个东北三省。国民党军遵守着蒋介石“攘外必先安内”的信条，执行着“绝对不可抵抗”的命令而最终将数千里大好江山拱手与人，国人无不为之激愤。然而，在这些败退溃逃的阴影下，东北数千万同胞仍不屈不挠，用自己的血肉、血汗、血泪，谱写了一曲短暂但却能促使国人惊醒的慷慨雄浑的悲歌。

傀儡皇帝——溥仪

溥仪生于1906年，是光绪皇帝之侄，醇亲王载沣之子。1908年11月，光绪皇帝和慈禧太后在相隔一天的时间内先后死去，不满3岁的溥仪继承帝位，次年改年号为“宣统”，由其父载沣摄政。1911年10月，武昌起义爆发后，各省纷纷响应，革命巨浪席卷全国。1912年2月12日，清廷被迫宣布溥仪退位，统治中国260多年的清王朝被推翻了，从此中国结束了长达2000多年的封建专制。而这个被赶出紫禁城的小皇帝，注定了其坎坷一生的命运。

“九·一八”事变后的第二年，日本侵略者在沈阳召开“东北行政委员会”，通过“满州国”建国方案，决定成立“满州国”政府，扶植溥仪“执政”，定都长春，改为新京。1932年3月8日，日寇把溥仪从旅顺接到长春，当上伪“满洲国”执政，年号“大同”，正式开始了他在日本帝国主义羽翼蛊惑欺骗下可耻的政治生涯，前后长达14年之久。1934年3月又改称伪“满洲帝国”皇帝，改元“康德”。溥仪于1935年4月和1940年6月，以伪“满洲国”皇帝的身分，先后两次访问日本，而伪满皇宫记录的正是这段傀儡历史。

日本关东军操纵伪满傀儡政权，奴役中国人民，妄图吞并中国东北。在这个伪满皇宫里，关东军通过一系列高压政策，使溥仪这个傀儡政权的所谓“元首”，成了名副其实的“儿皇帝”。溥仪深知复辟清朝的梦想已经无望，他开始自暴自弃、得过且过。但傀儡的日子并不好受，他的一举一动都受到关东军的监视。

终于，1945年8月6日，美军在日本广岛投下了原子弹。两天后，

150多万苏联红军越过国境线，攻入伪满洲国。在灭顶之灾到来之际，1945年8月17日，溥仪退位准备逃亡日本。

溥仪在逃亡途中被苏军俘获，押到西伯利亚，在集中营里关押了五年。1950年8月，溥仪与其他伪“满洲国”战犯一起被苏联政府移交给中国政府，先后在哈尔滨和抚顺两个战犯管理所关押10年。1959年12月4日经中华人民共和国最高人民法院根据特赦令予以释放，溥仪成为中华人民共和国的普通公民，后任全国政协文史资料委员会专员，1964年任中国人民政治协商会议第四届全国委员会委员，1967年10月17日在北京病逝。

白城市烈士陵园

概况

白城市烈士陵园是一座开放式、花园式，集教育、旅游等多功能为一体的建筑群，占地6.9万平方米，建筑面积3.5万平方米。白城市烈士陵园是白城市唯一一处祭奠革命先烈的公共场所，2009年被中宣部公布为第四批全国爱国主义教育示范基地。

◎白城市烈士陵园

陵园安葬着抗日战争、解放战争、土地改革及社会主义建设时期英勇牺牲的192位烈士。在这些烈士中，有将军，有士兵，特别是那些来自苏北扬子江畔的新四军三师的烈士们，他们在黄克诚将军的率领下，从南方来到冰天雪地的东北，为了白城的解放，献出了宝贵的生命，他们的事迹就是最好的爱国主义教育题材。

烈士陵园坐东朝西，大门高13.9米，宽26米，门上写着“吉鹤灵苑”四个大字。大门的左侧是碑文，主要介绍在抗日战争时期、解放战争时期、抗美援朝时期牺牲的革命烈士及1947年建园到现在的整体概况。

走进大门，迎面的是鹤城英雄纪念碑，碑高21.7米，四周有224根花岗岩围栏，营造庄严肃穆的气氛，象征鹤城人民永远缅怀革命先烈。在鹤城纪念碑的左右两侧有两个五星广场，象征着全国各族人民紧紧围绕在中国共产党的领导下，同心协力建设家园。在纪念碑的后方有两处风景石，上面分别刻着“德”、“思”二字，寓意深远。纪念碑的正东方向是革命烈士陈列馆，馆内陈列着革命先烈的遗物，及老一辈无产阶级革命家的题词，江泽民为革命烈士题写的“名垂青史、光照后人”八个大字熠熠生辉。纪念碑的东北方向为错落有致的卧式墓群，整个卧式墓群共安葬了147名革命烈士的骨灰，气势宏伟，与鹤城英雄纪念碑遥遥相望。

“辽吉功臣”——马仁兴

马仁兴是河北省平乡县人，早年参加过北伐战争，曾在冯玉祥手下任职，在国民党军队中官至师参谋长。1938年，马仁兴秘密加入中国共产党，1940年率部起义投入到八路军队伍中。四战四平他参加了三次，在攻坚战中不幸中弹牺牲，年仅43岁。

1904年8月16日，马仁兴出生于河北省平乡县后张范村一个比较富裕的农民家庭。少年时代的马仁兴善思寡言，但胆子很大。平时他和小伙伴玩耍，有时玩到天黑，小伙伴不敢回家，他就主动把小伙伴送到家，自己再回家。

马仁兴从小就喜欢读书，只要有书看，什么热闹的事情也别想把他从书中拽出来。每逢过年，别的小伙伴都有新衣服穿，可他却要母亲把买新衣服钱省下来给他买书看。因此他读了许多书，也懂得了许多做人的道理。

1921 年，16 岁的马仁兴到陕军第三混成旅当了一名士兵，时值国内军阀混战，马仁兴常常为国家的兴亡而担忧，为寻找一条救国救民的道路，他又投奔了国民第三军。

1931 年“九一八”事变后，全国人民要求抗日之声鼎沸，蒋介石却坚持不抵抗政策。对此马仁兴极为不满，对三民主义产生了动摇。他逐渐意识到只有共产党才能救中国。1938 年马仁兴秘密加入中国共产党，1940 年春在河南林县率部参加八路军。从此，他真正走上了救国救民的道路。

抗日战争胜利后，马仁兴随部队来到了东北，在东北两年时间里，他驰骋辽吉战场，屡建战功。1946 年 3 月四平解放后，为阻止国民党军队北犯，四平市成立了卫戍司令部。马仁兴任卫戍司令，负责四平市区的城防工作。4 月，四平保卫战外线战斗和内线战斗相继展开。马仁兴面对强敌，指挥若定，仅以两个团的兵力，同敌人的一个军作战，英勇抵抗了 3 个昼夜，因而多次受到中央军委、东北民主联军总部的传令嘉奖。

1947 年 4 月，担任东北民主联军西洪纵队独立一师师长，同年 6 月，率部参加四平攻坚战，担负路西方向突破任务。战斗打响后，带领师指挥所深入前沿，很快攻克陆军医院、大白楼、大红楼等敌人主要据点，进入市内。6 月 23 傍晚，在指挥作战中被流弹击中，不幸牺牲。1947 年 8 月 22 日，中共辽吉省委追认他为“辽吉功臣”，同时，在白城市修建了“马仁兴将军纪念碑”。

辽宁省

辽宁省的沧桑就是全中国的沧桑：民国时期张作霖割据于此；日寇强盗的铁蹄从这里开始践踏；饱含血泪的万忠墓、惨案遗址、『万人坑』、鸭绿江断桥还在这里向人们诉说着一件件奇耻大辱；远离家乡抗美援朝的烈士们也在这里书写着自己的铮铮铁骨。辽宁，距离历史是这么近，又那么远。雷锋曾在这里做了一火车的好事，铁西工人也曾凭借着自己勤劳的双手为祖国的工业建设添砖加瓦……无论是屈辱还是荣耀，都一直激励着辽宁阔步向前。

沈阳“九·一八”事变博物馆

概况

1991年，在“九一八”事变60周年之际，中共沈阳市委、沈阳市人民政府在“九一八”事变爆发地——沈阳市东郊柳条湖修建了“九一八”事变纪念馆，以此铭记历史，不忘国耻，教育当代，警示后人。1997年，沈阳“九一八”事变博物馆被中宣部列入第一批全国爱国主义教育示范基地。

“九一八”事变博物馆是一座碑馆结合建筑物，于1997年9月在原纪念馆的基础上开始扩建，1999年9月18日正式落成开馆。新馆总占地面积31000平方米，建筑面积12600平方米，展览面积9180平方米。

主体建筑“残历碑”呈翻开的残损台历造型，高18米，宽30米，建筑面积500多平方米。“残历碑”正面弹痕累累，组成了呻吟呐喊状的骷髅群，表现了死难同胞对日军血腥罪行的控诉，揭示了日本军国主义侵华的野蛮罪行。“残历碑”左面一页镌刻着日军阴谋发动

◎九一八事变博物馆

◎炸弹碑

“九一八”事变的史实，右面一页刻着“1931 年 9 月 18 日，农历辛未年八月初七”的字样，提醒人们永远不要忘记那个悲惨的日子。

从“残历碑”正面拱门进入博物馆，馆内设有包括序厅在内的 8 个展厅，共 10 余个大型场景。博物馆内采用灯箱、电动沙盘、人物模拟像等手法以大量的文字资料和历史图片、实物等史料，揭露了日本帝国主义侵略中国的险恶阴谋，控诉了日本侵略者对中国人民犯下的滔天罪行，颂扬了中国共产党领导下的东北人民抗击日寇的英雄业绩，突出了中华民族为世界反法西斯战争胜利做出的巨大贡献，昭示出战争必将给人类带来灾难，正义必将战胜邪恶的永恒主题。

在“残历碑”西南 20 米处，有一个“九一八”事变炸弹碑。它呈炸弹尾翼形，是日本侵略者为炫耀其“赫赫战功”在铁路爆破地点竖立的纪念碑。抗战胜利后，炸弹碑被人民推到，现已成为日本帝国主义侵华的罪证。

“九一八”事变博物馆作为日本野蛮侵略的耻辱柱，中华民族胜利的不朽丰碑，会一直矗立在那里警示世人。

“九一八”事变

日本自 1868 年明治维新以后，迅速地走上了资本主义的发展道路，同时日本军国主义也逐步形成，并渐渐占据统治地位。日本在军国主义的操纵下，紧锣密鼓，加强军备，逐渐加快对外侵略扩张的步伐，扩大在东亚及远东的势力。为了达到侵占中国东北，进而征服中国、称霸亚洲的目的，日本先后发动了甲午战争、日俄战争，以此不仅取得了在华的许多特权，也确定了其在南满的侵略势力。与此同时，日本军国主义分子故意挑起事端，煽动民族沙文主义，为发动侵略战争大造舆论。

促成日本帝国主义能够轻易实现侵略计划的还有一个十分重要的原因，那就是以蒋介石为首的国民党政府对日本的侵略实行的不抵抗政策。其实，早在“九一八”事变之前，日本就多次挑起事端（如万宝山事件、中村事件等），日本帝国主义侵占中国东北的野心早已昭然于世。但是蒋介石忙于国民党内部的派系斗争和军阀混战，更忙于“围剿”中国工农红军，因而置民族危机于不顾。他连续致电张学良：“无论日本军队如何在东北挑衅，我方应不予抵抗，力避冲突”。

改变中国历史的一刻就这样来到了。

1931 年 9 月 18 日夜里 10 时 20 分左右，日本独立守备队柳条湖分遣队河本末守中尉率部下数人，以巡视铁路为名，来到沈阳北大营南约 800 米的柳条湖附近，将南满铁路一段路轨炸毁。随后日军在此布置了一个假现场，摆了 3 具身穿中国士兵服的尸体，反诬是中国军队破坏铁路，并以此为借口向日本驻朝鲜军和本国求援，以进一步扩大事态。日本军队向中国军队的驻地北大营和沈阳城发动突然袭击，攻占沈阳时日军登上小西门城墙向城内射击，控制全城，先后占领了张学良官邸、市政府公署、东三省兵工厂。事后，日军诬陷这是因为中国军队挑起事端，而不得不采取的行动等等。中国驻军在蒋介石的“不抵抗”命令下，被迫撤离沈阳。沈阳城乡一夜之间全部被日军占领。至 1932 年 3 月间，辽、吉、黑、热四省全境沦陷，东北人民沦为了日本血腥统治下的亡国奴。

这就是震惊中外的“九一八”事变，作为日本侵华战争的开端和第二次世界大战的序幕，对中华民族和世界人民都产生了深远的影响。“九一八”同时作为中华民族的国耻日，中国人民是永远都不会忘记的。

旅顺万忠墓纪念馆

概况

旅顺万忠墓纪念馆位于辽宁省大连市旅顺口区九三路，这座庄严肃穆的陵园是为纪念中日甲午战争中惨遭日军杀害的近 2 万名中国同胞，而于 1994 年中日甲午战争 100 周年之际新建的。1997 年，旅顺万忠墓纪念馆被中宣部列入第一批全国爱国主义教育示范基地。

1894 年 11 月 21 日，是中日甲午战争爆发后的第四个月，疯狂的日军侵入旅顺市区，对手无寸铁的旅顺百姓进行了四天三夜的血腥屠杀，制造了一起震惊中外、惨绝人寰的历史惨案——旅顺大屠杀。被

◎旅顺万忠墓纪念馆

◎旅顺口万忠墓

杀害民众近两万人，全城仅存36人。大屠杀过后，日军为掩人耳目，消除罪证，驱使城郊农民同胞组成扛尸队，把死难者尸体集中火化，烧了十几天后，将骨灰埋在白玉山东麓。1896年11月清军将士为遇难同胞树碑建墓，命名为“万忠墓”。后分别在1922年、1948年经过维修，并树碑，碑阴铭文记述了日军暴行和重修万忠墓的经过。

1994年是中日甲午战争一百周年，旅顺口区委、区政府为祭奠和告慰百年前的不朽英灵，发动群众第四次重修万忠墓，并新建了“万忠墓纪念馆”，于1996年对外开放。当时任国务院总理的李鹏亲笔题写了馆名。

纪念馆的基本陈列内容包括“甲午战争前的旅顺口”、“甲午战争与旅顺口的陷落”、“震惊中外的旅顺惨案”、“旅顺万忠墓”四部分。通过大量的图片、实物和资料真实地反映了中日甲午战争时期，日本侵略军在旅顺制造骇人听闻的大屠杀的罪恶行径，时刻提醒着人们牢记历史，勿忘国耻。

旅顺大屠杀

1894年11月21日，日军攻占“东亚第一堡垒”旅顺口后，进行了灭绝人性的4天3夜大屠杀，老弱妇孺无一幸免。短短4天遇害群众超过 2 万人，只有埋尸的几十人逃过此劫。昔日祥乐宁静的小城顿时血流成河。

当时驻守旅顺的清军，总兵力为 14700 人。日军第一师团长山地元治组织了 1500 名敢死队，准备与清军较量一番。然而旅顺并非山地所想象的那样难以攻取，清军兵力虽雄厚，但诸军互不联络，均无固守的信心，八位统领不相隶属，各行其是。

11 月 17 日拂晓，日本第二军主力出动进犯旅顺。日军兵分三路：一为右翼纵队，山地中将为主帅，乃木、西宽、长谷川三少将为其下属；二为左翼纵队，满益少佐为指挥；三为骑兵搜索队，由骑兵一大队组成，秋山少佐为指挥。18 日上午 10 时，搜索骑兵队第一大队长秋山好古率领的前锋到达土城子。此时埋伏好的 3000 多名清军突然出现，把骑兵队团团围住。日军骑兵陷于重围之中。秋山见势不妙，只好下令突围，向双台沟方向逃去。有些受伤日兵不能行走，马又丧失，便举刀切腹或割颈自刎。此次土城子迎击战，日军死伤 55 人，给了日军一个下马威。但是其后清军不敢主动迎击，光是消极防御，注定了失败的结局。

11 月 20 日，日军司令大山岩在李家屯西北的高地上召开各级将校会议，决定 21 日凌晨 2 时开始总攻击。次日，各军进入预定的阵地。11 月 21 日晨 6 时 40 分，日军逼近各炮台，西宽少将为先锋，率领第三联队首先攻打椅了山最西的炮台。清军发炮应战，但由于日军大炮命中率高，炮台被摧毁。上午 8 时，第三联队的步兵发动冲锋，一举攻下椅子山的三个炮台。随后清军不战而退，东岸炮台全部失陷。

至晚上，西岸炮台尚在清军手中。但是当夜清军沿西海岸向北撤退，西海岸诸炮台也尽归日军所有。这样，旅顺半岛 20 多个炮台，一天内全部被日军占领，清军战死约 2000 余人。李鸿章经营旅顺 16 年，耗资数千万，船坞、炮台、军储的实力为北洋军之首，却不能守一天。

日军攻占旅顺后，对城内进行了 4 天 3 夜的抢劫、屠杀和强奸，死难者约 2 万人。许多欧洲人留下了亲眼目睹的记录。

英国人艾伦在他的《龙旗翻卷之下》中写道：

“天黑了，屠杀还在继续进行着。枪声、呼喊声、尖叫声和呻吟声，到处回荡。街道上呈现出一幅可怕的景象：地上浸透了血水，遍地躺卧着肢体残缺的尸体；有些小胡同，简直被死尸堵住了。死者大都是城里人。”“日军用刺刀穿透妇女的胸膛，将不满两岁的幼儿串起来，故意地举向高空，让人观看。”

美国《纽约世界》记者克里曼于11月24日（日军攻占旅顺后第四天）从旅顺发回国内的一篇通讯中说：

“我见一人跪在兵前，叩头求命。兵一手以枪尾刀插入其头于地，一手以剑斩断其身首。有一人缩身于角头，日兵一队放枪弹碎其身。有一老人跪于街中，日兵斩之，几成两段。有一难民在屋脊上，亦被弹打死。有一人由屋脊跌下街心，兵以枪尾刀刺插十余次。”

英国法学家胡兰德在他的《关于中日战争的国际公法》中说：

“当时日本官员的行动，确已越出常轨。他们从战后第二天起，一连四天，野蛮地屠杀非战斗人员和妇女儿童。在这次屠杀中，能够幸免于难的中国人，全市中只剩36人。而这36人，完全是为驱使他们掩埋其同胞的尸体而留下的。”

勇猛二匠

面对日军惨绝人寰的杀戮，旅顺百姓不畏尖刀，不惧死亡，表现得非常英勇，极为顽强。

家住黄金山下的织布匠陈永发，亲眼目睹了日寇杀人放火的野蛮罪行，怒火充满了他胸膛，一心想要杀敌报仇。

一天，陈永发隔窗看到一个日本鬼子正鬼鬼祟祟地向他的房子走来，就知道强盗又要到此行凶来了。他机警地跳下织机，寻了一把斧头，轻轻地将门打开，躲在机架后面。不一会儿，那个日本鬼子来到了门口，探着个脑袋，往里张望，犹豫了一下后，就端着长枪壮着胆子往里走，不到三步，陈永发突然从机后跃出，一挥手，利斧在半空中划了一道弧线，顺着日寇的脑顶劈下，那日本兵还来不及出声，就咕咚一声倒毙在地。

陈永发狠狠地用脚踢了一下死尸，心想，一不做二不休，不如乘机再多杀几个强盗，也好为乡亲们报仇。于是他擦干净了血迹，寻了一个粪筐，把寒光闪闪的利斧装进了筐里，掩着门走了出来。

路上，陈永发看到不远处有一辆日寇的运输大车，陈永发见后，喜从心来。他悄悄地尾随其后，走到卵子沟上坡时，车走不动了。陈永发觉得时机已到，假装上前推车，一斧便把跟车的日寇劈死。他夺下敌尸的大枪和子弹刚要隐蔽，不料被后面的运输队发现了，一窝蜂似的围了上来。陈永发毫不畏惧，力战群敌，先后打倒了四五个敌人，直到最后战死，英勇牺牲。

南山冈有一名姓苑的铁匠，有勇有谋，手艺精湛，深得远近乡亲赞誉。

随着抗敌斗争的发展，苑铁匠的店铺更是日益红火。店铺内，终日是铁锤飞舞，火星四溅，刀、枪、斧、钺纷纷出炉，不知战场上有多少日寇，死于苑铁匠打制的铁器之下。

一天，一队日寇闯进他的店铺，苑铁匠见状，切齿愤盈，他立马握紧一把大铁锤躲在狭窄的堂屋门后，搜查的日兵刚一探头窥视，他眼明手快，猛一锤就击碎了日兵的脑壳。其余日寇见状直往后退，苑铁匠举着大锤追了出去，他抡起大锤冲着日寇挥舞，或用大锤抽出火红的焦炭向鬼子抛去，使日寇措手不及，抱头鼠窜。但他终因寡不敌众而壮烈牺牲。

这样宁死不屈、通杀日寇的故事还有很多很多，他们流传在民间，也会被记载进历史，教育一代又一代人。

辽沈战役纪念馆

概况

辽沈战役纪念馆是为了纪念解放战争三大战役中的第一大战役——辽沈战役而修建的一座专题性纪念馆。1997 年，辽沈战役纪念馆被中宣部列入第一批全国爱国主义教育示范基地。

辽沈战役纪念馆成立于 1959 年，1988 年 10 月辽沈战役胜利 40 周年之际新馆落成。开馆 14 年后，2002 年底闭馆扩建翻新，2004 年 11 月 2 日胜利竣工并重新开馆，目前的馆名是叶剑英元帅于 1978 年 10 月题写的。

纪念馆位于辽宁省锦州市烈士陵园内，南部矗立着高 16 米的辽沈

◎辽沈战役纪念馆

战役纪念塔，塔高 16 米，青灰色的大理石碑身像，庄严而肃穆。塔身正面，朱德写下的“辽沈战役革命烈士永垂不朽”12 个鎏金大字，在阳光下闪闪发光。塔身东西两侧，是两组气势磅礴的花岗岩浮雕。意蕴生动的浮雕，展示出硝烟弥漫的战争风云和前仆后继的悲壮场景。塔顶，一座 5.7 米高，重 16 吨的解放军战士持枪挥手向前的铜像巍然屹立，这个战士左手持枪，右臂高高举起，面对着长天奋力呐喊。这座纪念塔，以建筑、造型和浮雕的语言，向我们复述着严酷而悲壮战争场景。

纪念馆基本陈列有序幕厅、战史馆、支前馆、烈士馆、全景画馆和电教馆等。战史、支前和烈士三个馆中展出了大量的图片、照片和历史文物。全景画馆中绘制着攻克锦州的激烈战斗场面，配以音响、灯光和战火硝烟等特技，形象地再现了昔日的激战情景。电教馆里人们通过观看实地拍摄的战争场面纪录片，增强了历史的真实感。纪念馆中的各种陈列和形象展示，全面反映了东北解放战争过程特别是辽沈战役这一重大历史事件。

纪念馆建筑主体及承重墙柱，全部采用钢筋混凝土筑成，外墙镶贴坚固耐久的粗打花岗岩板。序厅宽敞明亮，迎面北墙上的巨型花岗岩浮雕图，是以东北地图为基本图案的《江山》浮雕图。浮雕中部，是毛泽东的头像；左侧塑造了中国人民解放军取得辽沈战役伟大胜利后入关作战的情景；右侧展示了东北各族人民群众随军支前的场面。装饰墙上雕刻着十枚奖章、勋章和纪念章。这些，都是根据当年东北和全国解放战争时期颁发的证章镌刻而成。大厅南部大门两侧的巨型圆柱，顶端不是置于厅顶，而是抵于空间。这两根圆柱称为“冲天柱”，在建筑方面，为宽敞的大厅起装饰作用；在寓意方面，象征着解放军民顶天立地的高大形象。

《攻克锦州》全景画展

《攻克锦州》全景画展馆是圆柱形密闭堡垒式的建筑体，高 28 米，直径 42.24 米。整个建筑结构雄伟坚固，造型庄重，是中国第一座全景画馆。

《攻克锦州》全景画画面长 124.24 米，高 16.1 米，总面积为 1968 平方米。这幅巨型油画悬挂在圆形建筑内壁上，首尾精细相接，环绕着 2000 平方米的大厅展开，把观众包围在距离画面 13 米远的圆形看台上，可谓天衣无缝。看台的顶部是一个伞形的吊棚，吊棚将画面上边缘巧妙遮住。

观众看台与垂直悬挂着的油画之间，布满了地面塑型，这也是《攻克锦州》全景画的重要组成部分，总面积达 1000 平方米。地面塑型用 260 根圆钢管支撑，上面铺设角钢、钢板和铁网，再用石膏做成具体的起伏变化的地表形象，一端连着看台，另一端与画面相接。塑型上的地形、地貌、工事、武器，按比例逐渐缩小，做得极为逼真。木桥、战壕、炮兵阵地、高粱地等，同一景物在地面塑型和画布上各占一部分，巧妙地连接起来，浑然为一体，看起来难分真假。

艺术家们采用现实主义的创作方法，运用高超的创作技巧，将攻克锦州的宏大战争场面，组织在一个环形的画面之中，描绘得栩栩如生，并运用绘画的散点透视的艺术法则，创造了一个广阔的空间，还巧妙地运用丰富多变而统一的色调，创造了一个符合季节、时间和战场气氛的巨大空间环境，准确地表现了锦州地区深秋季节的色调气氛，以及特定时间内阳光照射下，处于不同方位中的地面、房屋、山坡和天空的色彩变化。同时，运用色彩的远近透视，将空间层次推远，从而使画面产生了动人的空间感。处于不同位置上各种物体的尺度变化，与地面塑型上的合理变化的尺寸有机结合，安排得十分妥帖，使观众真切地感受到了所创造出来的这个开阔空间形象。

灯光和音响是增强全景画表现力的重要手段。《攻克锦州》全景画的伞形吊棚内，均匀地布置着 318 只日光灯，同时，配合着 60 只高显钠灯，形成相当于锦州地区深秋季节下午两点钟左右的日光照射下的

色温。画面在精心设计的灯光照明下，天空和地面的光线极为均匀明亮。由于画布对灯光的反射，使观众觉得画面上的天空就是真正的天空。全景画馆还采用了现代化立体音响技术，把解说和音响合成在一起，当观众欣赏全景画时，能同时听到同画面形象相一致的方位传来的解说声、爆炸声、军号声、喊杀声、汽车坦克轰鸣声等，使全景画表现的战斗气氛更为浓烈。

孤胆英雄卜凤刚

1948 年 10 月 10 日，国民党援锦“东进兵团”向塔山全线进行试探性的进攻。第二天，采取中央突破的战术，猛攻塔山。坚守在前沿阵地的是第 4 纵队 34 团（塔山英雄团）1 营 1 连，卜凤刚是该连 1 班的副班长，他们班守在阵地东侧的一个突出部。

这天，国民党军集中炮火猛轰塔山。顷刻，塔山村房屋被炸得东倒西歪，碗口粗的树木咔嚓一声被炸成几段，解放军的战壕、地堡大部被打塌。但是战士们仍然防守在前沿阵地。国民党军打完一阵炮弹之后，用波浪式进攻战术，一波接着一波向着我军阵地冲来。国民党军的两个连闯进前沿几间民房。卜凤刚撂倒一个敌人就退进院子里，依托一座房子，向敌人射击。突然，敌人的炮弹打塌了这座房子，卜凤刚被炸得晕了过去。待他苏醒过来，全班只剩下他和 1 名战士了，子弹也只剩几发了。敌人还在墙外嚎叫着。卜凤刚鼓励大家说：“不要紧，没有子弹还有枪托、刺刀和石头！不能让敌人占领我们的阵地！”阻击战打了 5 天，国民党军用尽了各种战术，仍然在原地打转转。到了第 6 天，敌人突然发起集团冲锋，集中 5 个师兵力轮番攻击塔山一线。解放军正面阵地和侧面阵地在炮兵配合下同时开火还击，打垮了敌人的冲锋。溃退的敌人被强大火力截断了去路，集中在饮马河南岸一个高坎下的开阔地里。面对这些丧失了进攻能力的敌人，解放军立即展开攻心战。

1 连的“瓦敌”小组向敌人喊话：“锦州已经完蛋了，蒋军弟兄们，不要再给蒋介石卖命啦！”“你们后路已经被切断了，只有放下武器，才有活路一条！”可是，喊了几次都没有结果。于是，卜凤刚主动申请到敌阵地去。他身挎 8 颗手榴弹，跳出战壕，迎着弹雨，向敌阵地冲去。他冲到靠近敌人的土坎下，大声喊道：“缴枪吧！不要替蒋介石卖命啦！”一个敌兵扔下武器跑过来，却被后边一个顽固军官击毙。卜凤刚见状，一枪把那个军官打死了。接着，卜凤刚跃入敌群，举起手榴弹高喊：“缴枪不杀，不缴枪我这铁馒头就要开花啦！”“瓦敌”小组也趁势喊起来：“枪是蒋介石的，命是你们自己的，赶快放下武器，解放军优待俘虏！”一句句喊话，像一颗颗炮弹在敌人心里炸开了。最终，敌人两个连的残部共 124 人，被英雄卜凤刚一个人俘虏了。

新中国成立以后，卜凤刚从来不向别人说起他的这段辉煌的经历。直到他逝世之后，辽沈战役纪念馆才查找到这位英雄的下落。

抗美援朝纪念馆

概况

抗美援朝纪念馆是全国唯一一座全面反映抗美援朝战争的专题纪念馆。纪念馆位于辽宁省丹东市锦江山大街 68 号，始建于 1958 年，郭沫若题写馆名。1993 年 7 月 27 日，即朝鲜停战协定签字 40 周年新馆落成并正式开馆时，时任中共中央政治局常委、书记处书记的胡锦涛参加开馆仪式并为纪念馆剪彩。1997 年，抗美援朝纪念馆被中宣部列入第一批全国爱国主义教育示范基地。

纪念馆总占地面积 18 万平方米，总建筑面积近 12000 平方米。该

◎抗美援朝纪念馆

馆是由陈列馆、全景画馆、纪念塔三大建筑主体组成的建筑群，融中华民族的传统风格和现代建筑特色于一体。

陈列馆的平面布局是呈品字形的三层建筑，建筑面积 5800 平方米，楼高 19.4 米，上有 5 个民族风格的小亭，外墙为灰白花岗岩贴面。陈列馆的中央为序厅，序厅的正面以“抗美援朝、保家卫国”浮雕群像为背景，正中是毛泽东和彭德怀的巨型圆雕像，两侧分别是志愿军战歌和中共中央军委主席毛泽东同志组建中国人民志愿军命令。

全景画馆为高 28.4 米，直径 46 米的圆形建筑，建筑面积 3350 平方米，分上下两层，上层为全景画陈列厅，下层为空军专馆和临时展厅。

纪念塔由塔基群房和纪念塔主体组成，塔高 53 米，象征 1953 年朝鲜停战协定签字，抗美援朝战争取得伟大胜利。塔面用高粱红花岗岩剁斧石贴面。塔基群房建筑面积 2900 平方米，外墙为灰白色花岗岩蘑菇石贴面。纪念塔正面是邓小平题写的“抗美援朝纪念塔”七个鎏金大字，背面是记载志愿军英雄业绩的塔文。

抗美援朝

抗美援朝战争是中华人民共和国政府应朝鲜民主主义人民共和国

的请求，为粉碎以美国为首的“联合国军”对朝鲜民主主义人民共和国的侵犯，保卫中国安全，派出志愿军于 1950 年 6 月至 1953 年 7 月赴朝进行的正义战争。

1950 年 6 月 25 日，朝鲜内战爆发。美国即采取武装干涉政策。1950 年 9 月 15 日，以美国为首的“联合国军”75000 人在朝鲜西海岸的仁川港登陆。此后，朝鲜人民军腹背受敌，损失严重，转入战略退却。10 月 1 日，美伪军越过三八线，随后侵占平壤，并继续向中朝边境的鸭绿江进犯。

从 8 月 27 日起，美国飞机多次侵入中国领空进行侦察和轰炸扫射。面对这种形势，中共中央根据朝鲜党和政府的请求，做出了抗美援朝、保家卫国的决策。1950 年 10 月 8 日，毛泽东代表中央军委命令中国人民志愿军赴朝参战。10 月 19 日，以彭德怀为司令员兼政治委员的中国人民志愿军开始分别从安东（今丹东）、长甸河口、辑安等渡过鸭绿江，进入朝鲜参战。从 10 月 25 日至 12 月 24 日，志愿军同朝鲜人民军一起，连续进行了两次战役，歼敌 5 万余人，于 12 月 6 日收复平壤，并把敌人赶回到三八线附近，初步扭转了朝鲜的战局。

1951 年 1 月 14 日，抗美援朝总会发出《关于慰劳中国人民志愿军朝鲜人民军并救济朝鲜难民的通知》。1951 年 2 月 16 日，全国政协发出电文，号召把抗美援朝运动“进一步地普及和深入到每一农村、每一机关、每一学校、每一工厂、每一商店、每一街道和每一民族聚居的区域。”3 月 14 日，抗美援朝总会发出通告：“努力普及深入抗美援朝的实际工作和宣传教育工作，务使全国每一处每一人都受到这个爱国教育，都能积极参加这个爱国行动”。此后，抗美援朝运动进入了更加普及和深入发展的阶段。

1951 年 7 月 10 日，联合国军方面和中朝方面在朝鲜开城首次举行谈判。美国在谈判桌上进行政治讹诈，要求将军事分界线划在中朝军队控制的三八线以北地区。之后，朝鲜战场出现了谈谈打打的复杂局

面。1952年2月至10月，《人民日报》多次发表社论和声明，揭露和谴责美军迫害战俘的罪行。全国人民也积极掀起了抗议活动，要求全部释放战俘。

◎抗美援朝纪念塔

美国在形势更加不利的情况下，于1953年7月27日在板门店同中朝代表签订了《关于朝鲜军事停战的协定》。历时3年零32天的朝鲜战争结束。

朝鲜停战后，中国人民志愿军又帮助朝鲜人民为战后的恢复和建设做了大量的工作。1958年10月，中国人民志愿军全部撤离朝鲜，返回祖国。

抗美援朝战争纪念馆经过十多年全国范围的调查核实，截至2010年10月，共确认183108名中国人民志愿军官兵在战争期间为国捐躯。

钢铁精神铸传奇——杨连弟

杨连弟，是中国人民志愿军一级战斗英雄，一级国旗勋章、金星奖章获得者，同时也被朝鲜民主主义共和国最高人民会议常任委员会授予“朝鲜民主主义人民共和国英雄”称号。

1949年，杨连弟的老家天津解放，迎来新生活的杨连弟毅然加入了中国人民解放军。因为他之前在工厂卖苦力，有一身电工、架子工技术，就被分配到人民解放军第四野战军的铁道兵纵队，成为了一名光荣的人民解放军铁道兵。

朝鲜战争爆发后不久，杨连弟就随其他铁道兵一起跨过鸭绿江，加入了抗美援朝战争。当杨连弟所在部队到达朝鲜的时候，正值第三

◎杨连弟

次战役刚刚打响。前线战士因为运输补给不到位，打起仗来很是吃亏。当时补给线上重要的沸流江大桥被敌人炸断了，上级命令杨连弟所在连队去帮助修复沸流江大桥。

美军空军总在白天巡视，如果发现有志愿军踪迹，就会进行疯狂地扫射和轰炸。志愿军战士只好在夜间不开灯摸黑抢修。这种办法虽然安全，却极影响抢修效率。杨连弟观察了几日后发现，敌机虽然巡查频繁，但每轮与每轮之间都有一段时间的空隙。如果能利用这段时间进行白天抢修，效率一定会大大增加的。

因为这种行为极为冒险，杨连弟在最开始只与 8 名战士试探抢修。谁知他们几人在白天工作效率果真大大提高，当敌机来袭时，他们迅速分散躲避，一天下来无一人伤亡。杨连弟的方法后来被大家广泛学习应用。抢修工作就这样迅速、顺利地展开。没多久，沸流江大桥上就又通起了运输物资的火车。

因为杨连弟的优秀表现，1951 年 8 月，他被选为志愿军国庆观礼代表团代表回国参加国庆观礼和庆功大会，并在国内各个部队展开巡回报告，大大鼓舞了国内军队的士气。等一连串的工作做完后已经是 1952 年 3 月，已经升任所在连队副连长的杨连弟马不停蹄地赶回朝鲜战场。

当时，杨连弟所在连队的任务是抢修白岑川大桥。白岑川大桥周围地势险要，东面是高耸峭壁，西面是波涛汹涌的清川江。敌人自从展开针对运输线的“绞杀机”行动，这里就成了他们轰炸的重要目标之一，不管白天黑夜都会有轰炸机进行轰炸扫射，有时还扔下大量定时炸弹。

来到抢救现场，杨连弟感受到了敌人对此地轰炸之猛烈，地上四处是被炸出来的坑，大桥的十个桥墩被炸毁了五个，不过令人振奋的

是，在铁道兵战士的努力下，虽然损失惨重，但火车依然通行着，从未间断。

一日，敌人又在夜间派出多架战斗机对白岑川大桥进行轰炸，马上就要通车的大桥被炸毁了多处。杨连弟在抢修过程中受了伤，但为了不延误通车，天没亮，他带伤与战士们一起开始抢修。眼看大桥马上就可以修好，这时敌机再次来袭。大家本来准备躲进防空洞，但此时如果战士们放下手中的工作，一定会赶不上通车时间。杨连弟紧紧抓住立排架的绳子，对大家喊道："为了按时完成任务，大家不要松手，坚持住!"

战士们深受杨连弟的感染，没有一人躲去防空洞，都抓紧立排架的绳子不放。敌机发着尖锐的声音呼啸而来，对杨连弟所在连队进行疯狂扫射，地上的土石都被炮弹炸得四溅开来。这时，志愿军战士已经准备好了高射炮向敌人的飞机发起反击。敌人见情况不妙连忙逃跑。杨连弟与战士又立马恢复工作。到了晚上，火车顺利按时通车。

白岑川大桥修好后，杨连弟的连队又转战清川江。1952 年 5 月，敌人对清川江大桥进行连续轰炸，杨连弟所在连队也同样进行着连续抢修，他们的努力让火车始终保持着通车，从未间断。

5 月 15 日，杨连弟像往常一样早早地来到抢修现场，与战友们一起进行抢修工作。昨夜，现场刚经过敌人一番轰炸，杨连弟认真检查工地被毁情况。每个战士也都像往常一样忙着手里的工作，没有特意去关注他们的副连长。

◎杨连弟和战士们在抢修被炸坏的大桥

突然，"轰"的一声，一个没有排除的定时炸弹爆炸了。战士们纷纷望向爆炸的地方，只见他们的副连长杨连弟被溅起的弹片击中了头部，来不及说一句话就这样倒了下去，再也没有站起来……

杨连弟牺牲了，抢修现场再也看不见他忙碌的身影。战士们将这悲痛和对敌人的愤恨转化为工作的力量。他们踏着杨连弟的血迹继续投入到抢修工作中。因为他们知道：那从未间断的火车的轰隆声，就是对英雄最好的祭奠。

抚顺雷锋纪念馆

概况

抚顺雷锋纪念馆位于辽宁省抚顺市望花区和平路东段 61 号，是全国重点烈士纪念建筑物保护单位，是世界上唯一为一名普通士兵建造的大型纪念馆。1997 年雷锋纪念馆被中宣部公布为第一批全国爱国主义教育示范基地。

纪念馆占地面积 99900 平方米。自 1964 年建馆以来已接待国内外

◎雷锋纪念馆

宾客 4000 多万人次，并先后在全国 50 多个城市举办了《雷锋精神永恒》大型展览，发挥爱国主义教育基地的作用。1990 年 10 月 29 日，时任中共中央总书记的江泽民亲临雷锋纪念馆视察，并亲题馆名。

纪念馆由雷锋纪念碑、雷锋墓、雷锋塑像和雷锋事迹陈列馆 4 组纪念性建筑物组成。雷锋纪念碑竖立在纪念馆的主轴线上，全部由花岗岩构筑，主体高 13.4 米，正面镌刻着毛泽东手书“向雷锋同志学习”7 个大字，碑体下部嵌刻一组以雷锋模范事迹为主题内容的汉白玉浮雕。雷锋墓由苍松翠柏环绕，1964 年至今，雷锋的遗体静静地长眠于占地 400 平方米的墓区内。墓后有一座灰褐色花岗岩卧碑，正面刻有“雷锋同志之墓”的金色大字，背面刻着介绍雷锋生平事迹的碑文。墓前广场上耸立着高 5 米的雷锋全身塑像。

雷锋事迹陈列馆展厅按成长历程把雷锋 22 年的短暂人生真实呈现在世人面前，有雷锋蜡像、大型《青山魂》浮雕、复制《雷锋童年的茅草屋》场景、油画、多媒体景箱、题词碑等十一处亮点和 400 多件文物资料，140 多幅照片，生动而翔实地再现了雷锋短暂而光辉的一生。纪念馆已成为弘扬雷锋精神、研究雷锋事迹的重要阵地。

永远的雷锋

雷锋，是中国人民解放军沈阳部队工程兵某部运输连四班班长。1940 年 12 月 18 日，出生在湖南省望城县一个贫苦农民家庭。在短短四年多的时间里，他的爷爷、爸爸、妈妈、哥哥、弟弟五位亲人相继含恨而死，小雷锋不满七岁就成了孤儿。

1949 年，雷锋家乡解放了。雷锋得到了党和人民政府的亲切关怀。1955 年，雷锋高小毕业，先后在乡政府当通信员，在县委当公务员。1957年，他在团山湖农场开拖拉机并加入共青团。在参加根治沩水河的工程中，被评为工地模范。1958 年，他来到鞍钢参加工业建设，三次被评为先进生产者，五次被评为红旗手，十八次被评为标兵。

1959年12月，征兵开始，雷锋迫切要求参军，焦化厂领导舍不得放他走。雷锋跑了几十里路来到辽阳市兵役局（现人武部）表明参军的决心。他身高只有1.54米，体重不足55公斤，均不符合征兵条件，但因政治素质过硬和有技术经验，最后被破例批准入伍。

1960年，雷锋入伍后，被编入工程兵某部运输连四班当汽车兵。1960年11月，他加入了中国共产党。他入伍后表现突出，沈阳军区《前线报》开辟了“向雷锋学习”的专栏。在不到三年的时间里，他荣立二等功一次、三等功两次，被评为节约标兵，荣获“模范共青团员”，出席过沈阳部队共青团代表会议，被誉为“毛主席的好战士”。

1961年，雷锋晋升为班长，被选为抚顺市人民代表。

1962年8月15日上午8时，雷锋与战友在准备前去洗车时，雷锋下车指挥倒车，车轮打滑，碰倒了一根晾衣服的木柱，这根木柱打到了雷锋的右太阳穴上，雷锋当即昏死过去，经抚顺市望花区西郊职工医院和来自沈阳的医疗专家抢救无效，于12时5分不幸英年早逝，年仅22岁。

雷锋的一生，是把有限的生命投入到无限的为人民服务之中的一生。他以“钉子”精神，刻苦学习马列主义、毛泽东思想，坚持理论联系实际，努力实践，因而具备了全心全意为人民服务的无私忘我的奉献精神。由于他热心辅导少年先锋队，1963年3月23日，共青团中央特决定追认他为“全国优秀少先队辅导员”。

好事做了一火车

有一次，雷锋出差去安东，参加沈阳部队工程兵军事体育训练队。

从抚顺一上火车，雷锋看到乘列员忙得不可开交，于是就动手参与了进来：擦地板、擦玻璃、收拾小桌子、给旅客倒水、帮助妇女抱孩子、给老年人找座位、接送背大行李包的旅客……这些事情做完了，他又拿出随身带的报纸，给不认识字的旅客念报，宣传党的政策。一

直到沈阳他也没停下来歇歇。

到沈阳车站换车的时候，他看到检票口熙熙攘攘围了一群人，走近后才知道，原来是一个中年妇女没有车票，非要上车。

雷锋见状，上前拉过那位大嫂说："你没有票，怎么硬要上车呢?"

那大嫂急得满头大汗地解释说："同志，我不是没车票，我是从山东老家到吉林看我丈夫的，不知啥时候，车票和钱都丢了。"

◎雷锋浮雕像

雷锋觉得这位大嫂说的是实话，于是就说："别着急，跟我来。"

他领着大嫂到售票处，用自己的津贴费买了一张车票，塞到她手里说："快上车吧，车快开了。"那大嫂说："同志，你叫什么名字，哪个单位的，我好给你把钱寄去。"雷锋笑道："我叫解放军，就住在中国。"那位大嫂走上车厢还感动得眼泪汪汪的向他招手。

雷锋从安东回来，又在沈阳转车。过地下道时，他看见一位白发苍苍的老大娘，拄着棍，背了个大包袱，很吃力地一步步挪着，雷锋走上前去问道："大娘，你到哪去?"

老人上气不接下气地说："俺从关内来，到抚顺去看儿子呀!"

雷锋一听跟自己同路，立刻把大包袱接过来，手扶着老人说："大娘，咱们顺路，我领您去!"

老人高兴地一口一个好孩子地夸他。这亲热的称呼，给了雷锋很大的感触，他觉得就像母亲叫着自己小名似的那样亲切。

进了车厢，他给大娘找了座位，自己就站在旁边，掏出刚买来的面包，塞了一个在大娘手里，老大娘往外推着说："孩子，俺不饿，你吃吧!”雷锋把面包再次送到大娘手中，说道：“别客气，大娘，吃吧！先垫垫肚子，离抚顺还挺远呢。”

雷锋怕老人坐车辛苦，就和老人唠开了家常。雷锋从老人口中得知，老人的儿子外出做工好几年了。老人这是第一次来，并不清楚儿子的住址。老人还掏出一封儿子的来信，雷锋也不知道上面写的地址在哪里，但他知道老人找儿子的急切心情，就说：“大娘，您放心，我一定帮助您找到他。”

雷锋说到做到，到了抚顺，背起老人的包袱，搀扶着老人，东打听，西打听，找了两个多小时，才找到老人的儿子。

这些事后来被战友们知道了。有人说：“嘿，雷锋出差一千里，好事做了一火车!”

丹东鸭绿江断桥

概况

鸭绿江断桥位于中国最大边境城市——辽宁省丹东市。原桥总长944.2 米，宽 11 米，共 12 孔。鉴于鸭绿江水运发达，修建者采用了“开闭梁”式设计，从中方数第四个孔为开闭梁，以四号圆形桥墩为轴，可旋转 90 度，随时开合，这样既能保证铁路畅通，又便于船只穿行。抗美援朝战争期间，大桥遭美军飞机轰炸，成为废桥。但中方一侧所剩四孔残桥保留至今，习惯上称为“断桥”。

这座桥问世 100 多年来，亲历了中华民族从忍受屈辱到奋起抗争，从饱受挫折到不断胜利，从当家作主站起来到改革开放富起来的艰辛历程。站在断桥之上，不仅可以回顾历史，增强爱国热情，更可以饱览丹东市改革开放以来的成就。

◎鸭绿江断桥

近年来，丹东市委、市政府不断对断桥投资，用于增添景点和维修，使断桥成为设施完善、功能齐备的爱国主义教育基地和旅游地。作为鸭绿江国家重点风景名胜区大桥景区的主要景点，断桥先后被评为省及全国青少年爱国主义教育基地，2001 年被中宣部列入第二批全国爱国主义教育示范基地。

回顾与展望

鸭绿江断桥是集耻辱、斗争、成就于一体的爱国主义教育的生动教材。

鸭绿江断桥是一座耻辱桥。1905 年 5 月，日本侵略者为了满足战争和掠夺物资的需要，在没有取得清政府同意的情况下，就开始从朝鲜新义州一侧施工，边施工边单方面与清政府交涉。1910 年 4 月，在工程进展过半的情况下，日本政府强迫腐败无能的清政府同意在中国一侧建桥。1911 年 10 月，大桥建成通车。

整个大桥修建工程役使中朝两国劳工达 50 多万余人次，大桥的建成极大地便利了日本帝国主义对中国的掠夺和侵略，而作为修建一方的清政府还没怎么享受到“投资”的“收益”，便于 1912 年被推翻了。

所以这座大桥十足是日本侵略中国的产物，是腐败无能的清政府屈从于外来压力投降妥协的生动证明，也是中华民族耻辱历史的见证。

鸭绿江断桥也记录了中国人民反对霸权主义、反对外国侵略的斗争历史。1950 年，朝鲜战争爆发，美国悍然出兵朝鲜，派第七舰队侵入台湾海峡。应朝鲜民主主义共和国政府邀请，为保卫家园，中国政府决定：抗美援朝，保家卫国。1950 年 10 月，中国人民志愿军雄赳赳气昂昂跨过鸭绿江，开赴朝鲜战场，同朝鲜人民并肩作战，给了不可一世的美国侵略军狠狠一击。

这座桥和鸭绿江上其他大桥一起承担了志愿军军需物资供应和其他支援前线的繁重任务，为志愿军打击美军提供了极大的便利。遭受打击的美军为了扭转战场的不利局面，妄想通过轰炸切断志愿军的后方供给，多次派飞机轰炸鸭绿江大桥。11 月 8 日，大桥被拦腰炸断，变成废桥。但中国一侧的四孔仍完整地挺立在鸭绿江中。

鸭绿江断桥还见证了中国改革开放的成就。鸭绿江沿江开发区是 20 世纪 90 年代初经国务院批准的国家级边境经济技术合作区，是丹东改革开放的前沿和窗口。这里集商贸、旅游、购物、餐厅、娱乐于一体，是丹东改革开放 20 多年来变化最大的地区之一。断桥位于丹东沿江开发区的边缘地带，与开发区浑然一体，成为鸭绿江国家级风景名胜区的独特一景。

为了更好地发挥断桥的爱国主义教育功能，当地有关部门在大桥中央开辟建设了“桥史馆”，分别以建桥史、炸桥史、开发史三部分为主要内容，运用实物、照片、图表、文字等形成基本陈列，全面再现了这座大桥的历史。

站在断桥上，人们不仅可以回顾历史，增强爱国热情，也可以饱览开发区的生机盎然景象。今昔对比，人们更亲身感受到改革开放给丹东带来的巨大变化。

沈阳抗美援朝烈士陵园

概况

沈阳抗美援朝烈士陵园位于辽宁省沈阳市区北郊，距市中心 8 公里。陵园占地 24 万平方米，地势居高临下，园内苍松翠柏，显得庄严而肃穆。2001 年被中宣部列入第二批全国爱国主义教育示范基地。

1951 年初，原东北人民政府决定在丹东、沈阳等地修建 4 座抗美援朝烈士陵园。沈阳抗美援朝烈士陵园，由原东北军区政治部修建。1951 年 8 月，沈阳抗美援朝烈士陵园落成。同年 12 月 10 日，移交给沈阳市民政局管理。

初建的沈阳抗美援朝烈士陵园，总面积约 6 万平方米，为坐东朝西、面阔五间的砖砌平房。灵堂内，悬挂着抗美援朝英雄五烈士杨根思、邱少云、黄继光、孙占元、杨连弟的遗像；左右两侧的柜橱里，陈列着烈士们的革命遗物，有副军长蔡正国烈士带有血迹、弹孔的军

◎抗美援朝烈士陵园

装，勋章等等。烈士墓地里，共有 100 余座烈士墓，墓形圆而尖，前置石碑，上刻烈士英名及生前光荣事迹。

在抗美援朝 50 周年之际，改扩建后的沈阳抗美援朝烈士陵园落成。新园占地面积 24 万平方米，由 3 部分组成，前部为停车区；中部为广场绿化区；后部为瞻仰活动区、陵寝；新建了抗美援朝烈士纪念馆，陈列、收藏了 400 余件珍贵的革命文物。陵园园名由郭沫若题写。陵区中心矗立 6 米高的花岗岩纪念碑，正面镌刻董必武题词“抗美援朝烈士英灵永垂不朽”；纪念碑下面刻有郭沫若的题诗：“煌煌烈士尽功臣，不灭光辉不朽身。鸭绿江南花胜锦，北陵园畔草成茵。英雄气魄垂千古，国际精神唤万民。峻极高山齐仰止，誓将纸虎化为尘。”

纪念碑左、右、后面为墓区，共安葬着 123 位抗美援朝烈士。其中有 3 位军级干部、10 位师级干部，以及团级干部和战斗英雄、模范、功臣。园内栽植松柏等树木 4000 余株。纪念馆中陈列的烈士遗物有：邱少云烈士生前用过的冲锋枪；孙占元烈士生前用过的轻机枪；杨根思烈士生前作为毛主席的客人，参加全国战斗英雄代表会的请柬；蔡正国等烈士生前荣获的朝鲜一级国旗勋章；蔡正国副军长牺牲时的弹洞血衣，红军长征 10 周年纪念章；吴国璋、饶惠谭等烈士生前的用品等遗物；郭沫若讴歌黄继光、邱少云烈士的诗词手迹等等。

舍己成仁真英豪——黄继光

在抗美援朝的战争中，牺牲的烈士不胜枚举，而他们流下来的英雄故事同样是可歌可泣，激励着一代又一代的人们。

在空前惨烈的上甘岭战役中，有一个英雄在战斗的关键时刻，扑向敌人的地堡，用血肉之躯堵住了敌人的抢眼，这个英雄就是黄继光。

黄继光，1930 年生于四川省中江县的一个小山村。对于祖祖辈辈都是穷苦农民的黄继光来说，给地主打长工、割草放牛是他所有的童年。新中国成立后，黄继光成为了村里的第一批民兵。1951 年 3 月，

他积极响应国家号召，加入了中国人民志愿军。到朝鲜前线后，黄继光任志愿军 15 军 45 师 135 团 2 营通讯员。他除了干好通讯员工作，还经常到班里向战士们学习手榴弹、手雷、自动步枪等武器的使用方法，多次受到连长表扬。

1952 年 10 月 14 日，上甘岭战役打响了。经过四天四夜的激战后，黄继光所在的营地又奉命反击右翼的 597.9 高地。当部队攻到高地一半时，冲锋几次都被敌人的中心火力点压了下来。指挥员几次派人去执行爆破任务，但都失败了。情况十分危急，因为如果天亮前攻不下阵地，一夜的战果将付诸东流。这时候，黄继光挺身而出，与连里的另外两名通讯员一起请战。持续了不一会儿，两名战友相继中弹倒下，黄继光的左臂也被打穿。这时敌人的照明弹将阵地照得如同白昼，交叉火力将前进的道路封锁得严严实实。黄继光毫无惧色，忍着伤痛，在烟雾的掩护下继续前进。在抵达敌火力点还有八九米处，他用力投出了最后一枚手雷。敌人的机枪顿时哑了，反击部队乘机发起冲击。突然，残存在地堡中的一挺机枪又喷出火舌，反击部队再次受阻。此时的黄继光身上已无任何武器，但是，为了战斗的胜利，他顽强地向敌人火力点爬去。当靠近地堡射孔时，他的一条腿已经被打断，他忍受着无法想象的疼痛，晃晃悠悠地站起来，张开双臂，扑向地堡射孔，用胸膛堵住了正在射击的枪眼。

“冲啊！”战友们趁机冲上了山头，很快就占领了高地。当指挥员抱起黄继光的尸体时，发现他竟是在负伤 7 处之后，凭着顽强的意志完成这一壮举的！

◎黄继光烈士墓

烈火焚烧若等闲——邱少云

在朝鲜金化以西391高地的一面石壁上刻着一个中国人的名字，英雄的名字与英雄的山岭共存不朽，他就是一级战斗英雄邱少云。

1951年，邱少云参加了中国人民志愿军。

1952年10月，为了摧毁敌人防守严密的391高地，邱少云和战友奉命到离敌人阵地60米的地方执行潜伏任务，以便部队发起总攻时，能迅速地扑向敌人。然而，从志愿军阵地到敌391高地，有一道3000米宽的开阔地带，山坡上没有隐蔽身体的地形和树木，仅有一片茅草。他们要在这样一个地方隐蔽20多个小时而不被敌人发现，难度可想而知。

出发前，部队首长特地嘱咐他们要严格遵守潜伏纪律，哪怕有人被敌人的流弹打中了，也不能暴露目标。邱少云和战友们都决心坚决完成任务。一切准备工作就绪后，潜伏部队于11日傍晚，步行10多公里，在半夜时分悄悄地摸到了预定的潜伏地点，他们三四个人一组分散开来，潜伏在蒿草中。每个人伪装得都很仔细，看不出一点痕迹。到第二天11点左右，敌人盲目发射的一颗燃烧弹落在邱少云身边的草地上，飞迸的燃烧液溅到邱少云的左腿上，眨眼工夫，他的伪装烧着了，很快形成一团烈火。

其实，他只要在地上打几个滚就可以扑灭身上的火苗。但是若这样做就会被山顶上的敌人发现，潜伏在这里的战友们就有被消灭的危险，原定的战斗计划也要落空。为了战斗的胜利，为了几百名战友们的生命安全，邱少云像一块巨石卧在那里，一动也不动。烈火继

◎邱少云烈士墓

续燃烧着，邱少云忍受着难以想象的痛苦，咬着牙，把两手深深地插入泥土，然后猛地抬起头来，用微弱的声音向身边的战友说：“胜利是我们的，我不能完成爆破任务了，这个任务交给你们去完成吧！”说完，他把被烈火烧着的身体紧紧地贴到地上，一直到牺牲也没动一下。

黄昏来临，总攻的时刻到了，解放军的炮火像狂风暴雨般轰向 391 高地，战士们怀着满腔复仇的怒火，排山倒海般地向敌人冲去。

凯歌声中，战友们久久注视着邱少云牺牲的地方，他们眼前，又浮现出烈火中邱少云高大的形象。

黑山阻击战烈士陵园

概况

黑山阻击战是为辽沈战役取得全面胜利发挥了决定性作用的一次战役。为缅怀战争中牺牲的革命烈士和弘扬革命英雄主义精神，战后，当地政府和参战部队于 1949 年修建了“黑山战役烈士之墓”，并经过多次扩建，于辽沈战役 35 周年之际建成了黑山阻击战烈士陵园。

黑山阻击战烈士陵园位于辽宁省黑山县城（黑山镇）北的一座山

◎黑山阻击战纪念馆

岗上，陵园总占地面积3万多平方米。2001年，黑山阻击战烈士陵园被中宣部列入第二批全国爱国主义教育示范基地。

陵园由纪念馆、墓群、纪念塔、花坛等几部分组成，正门门柱上刻有“功昭日月、气壮山河”的对联，园内苍松翠柏，庄严肃穆。

纪念馆建筑面积300平方米，内容分为党中央的战略决策、解放军的英勇作战、黑山阻击战、辽西围歼战、人民的积极支援、烈士的丰功伟绩等部分，现保存烈士遗物20多件，图片200多幅，形象地再现了当年战争的壮烈场面，纪念馆前还设立了国防教育专栏。

墓群包括一个公墓和六个单墓，共安葬着751具革命烈士忠骨，其中包括当年指挥黑山阻击战的原东野十纵二十八师师长、后任沈阳军区顾问的贺庆积的遗骨也于1999年7月安葬在这里。墓群前是一座13.5米高的白色烈士纪念塔和四座白色大理石纪念碑，碑上铭刻着在黑山阻击战中牺牲的烈士名录及对烈士沉重哀思的悼词。塔上刻有罗荣桓的亲笔题词：“为人民而死，虽死犹荣”。

多年来，陵园以普及和加强爱国主义教育和全民国防教育为己任，把社会效益摆在首位，长年向社会免费开放。每年清明节、“五四”、“七一”、“八一”以及全民国防教育日等节日和纪念日，党政机关、学校、企事业单位纷纷组织到此开展爱国主义和国防教育活动。在清明节期间，陵园积极创造条件，为来此祭奠的中小学生提供免费服务。在每年征兵期间，会同县征兵办公室组织适龄青年到此接受革命传统教育，激发参军报国热情，并在新兵入伍前在此举行新兵入伍仪式，激励他们为国防建设作出积极贡献。

黑山阻击战

辽沈战役打响后，蒋介石为巩固其在锦州、沈阳、营口三角地带的交通要道，借以保住东北，于1948年10月18日，命廖耀湘兵团速向黑山附近的大虎山、沟帮子前进。同时，令锦西守军一部固守锦西、葫芦岛，主力驰援锦州，以求南北两路迅速会合于锦州击败东北野战军。

10 月 19 日，中央军委指示东北野战军应坚决阻止国民党入关，在运动中歼灭南下的廖耀湘集团。东北野战军根据军委指示，决定采取“拦住先头，拖住后尾，夹击中间”的作战方针，准备于新立屯、黑山、大虎山地区围歼廖耀湘兵团。守卫黑山、大虎山的是东野第十纵队，他们积极加强防御工事，准备拦头痛击。但是他们面对的敌人有 5 个军 12 个师 10 多万人，而且是有大量飞机、坦克和大炮配合的全幅美式机械化部队，防御的难度可想而知。

10 月 23 日，国民党先头部队在黑山、大虎山以东与解放军警戒部队发生战斗。24 日清晨，国民党集中 5 个师的兵力，在重炮和飞机的掩护下向黑山、大虎山发动了进攻。解放军进行了顽强的阻击，在黑山城东的“一〇一”高地，与国民党军展开了激烈的争夺战。人民解放军战士舍生忘死昼夜奋战，多次打退国民党军的疯狂进攻。为防止敌人因进攻受挫而撤退，在战斗中，解放军命左翼的第五、第六纵队以急行军南下，切断了敌人的后路，右路的第八纵队主力迅速转入敌人侧后方，截断敌人南逃营口、东返沈阳的退路，进而为全歼廖耀湘兵团做好准备。

廖耀湘兵团遭到解放军的顽强阻击，损失惨重，失去了信心，便放弃了沿北宁路南下、收复锦州的计划，而改向东南，企图经台安、大连撤退到营口。见退往营口之路已被解放军切断，只得又改变计划，向沈阳撤退。然而，撤退沈阳之路也被切断。至 26 日，廖耀湘所部 10 万人陷入绝境。

当解放军两翼大军对敌人完成包围后，即在黑山以东、半拉门以西、无梁殿以南、朱家窝铺以北地区，向敌人展开了大规模的围歼战。为冲出解放军的合围，敌人于 26 日拂晓向第六纵队进行了疯狂的反扑，从东西两面夹击，战斗异常激烈。解放军十纵在黑山东面“一〇一”高地打退敌人最后一次进攻后立即转入了反攻。在胡家铺捣毁了廖耀湘兵团司令部，打乱了国民党军指挥系统。惊慌失措的敌人四下逃窜，乱作一团。为了不给敌人以喘息之机，解放军遂以第二梯队的第二纵队一部兵力投入战斗，以猛打、猛插、猛追的战术，痛击敌人。10 月的辽西平原上，到处都响起了追击的号角声。国民党军遗弃的汽车、大炮、枪支、辎重随处可见，成群的国民党士兵见到解放军战士纷纷交出武器投降。到 28 日拂晓，全歼敌军，活捉了东北“剿匪”副总司令廖耀湘。

黑山阻击战不仅决定了辽沈战役的进程，也是解放东北的一次关键性战役。此次阻击围歼战，共歼敌 10 万，其中俘获敌军、师级将领 28 名，使蒋介石在东北的主力丧失殆尽。

葫芦岛市塔山烈士陵园

概况

塔山革命烈士陵园位于葫芦岛市连山区塔山乡塔山村东山岗上(战时“塔山英雄团”前沿指挥所所在地)，是为纪念辽沈战役塔山阻击战中英勇牺牲的革命烈士而建，2001 年被中宣部列入第二批全国爱国主义教育示范基地。

陵园初建于 1953 年，于 1963 年 10 月重建，园林面积 22 万平方米。陵园由牌楼、纪念碑、纪念馆、烈士公墓、将军墓等组成。

进入烈士陵园正门，透过郁郁葱葱的松林，一座高大的仿古牌楼就会映入眼帘。牌楼正上方镌刻着原中共中央政治局常委、中央军委副主席刘华清亲笔题写的“塔山革命烈士陵园”8 个大字。烈士纪念碑位于山顶，塔身为高 12.5 米的正方形石柱，全部由花岗岩砌成，象征着人民军队如擎天柱一般拔地而起，刚硬不催，左右辅以连体副碑，

◎塔山革命烈士陵园

象征人民群众对子弟兵的支援和扶持；塔顶雕有云环纹饰，象征烈士们叱咤风云的英雄气概；碑身正面是陈云题写的“塔山阻击战革命烈士永垂不朽”13个镏金大字；背面的碑文记述了塔山阻击战战役的经过和英雄事迹，供人们瞻仰和缅怀；碑座正面的大型浮雕是用大瓣玫瑰组成的花环，象征着光荣永远属于为中国解放而牺牲的革命烈士。

纪念碑的前方是能够容纳万人的广场，广场右侧是由东野第二兵团司令员程子华题名的“塔山阻击战纪念馆”。馆内主要陈列有塔山阻击战战役的纪实图片和遗物资料等，其中最引人注目的是四面鲜红的战旗，分别是战后东北野战军第四纵队授予纵队12师36团、34团、28团及纵队炮兵团为“塔山英雄团”、“守备英雄团”、“白台山守备英雄团”、“威震敌胆英雄团”的奖旗。陈列柜内还展示着奖给参加此次战役的战斗英雄的毛泽东奖章、朱德奖章，各种战史资料、将军遗物、支前模范用过的实物以及塔山阻击战态势图等革命文物，充分向世人展示了革命英雄浴血奋战、以少胜多的悲壮场面。

纪念碑后面的烈士公墓园是1998年修建的，占地400平方米。园中有5位亲自指挥过塔山阻击战的将军的墓碑，他们不约而同地留下遗嘱，死后要把骨灰葬在塔山，与当年牺牲的烈士们在一起，生为塔山之虎，死做塔山之松。墓园中部立着一块黑色大理石英烈碑，正面

◎塔山革命烈士纪念碑

是张万年将军题写的“塔山英烈，万古流芳”8个金色大字，碑后镌刻着747位烈士的英名。墓园最后面是一座合葬墓，安葬着战后散葬在高桥、老官堡等地的747具烈士的遗骨。

塔山阻击战

1948年9月，党中央决定在形势对解放军最为有利的东北战场同国民党发动战略决战，辽沈战役打响了。辽沈战役首先要夺取锦州，切断东北国民党军队从陆上撤向关内的道路。

9月底，当东北野战军主力对锦州国民党守军形成合围之际，蒋介石从关内急调第62军、第39军两个师，第92军一个师和独立第95师连同原驻锦西（今葫芦岛市）的第54军共11个师，组成“东进兵团”，由第17兵团司令官侯镜如指挥增援锦州，并将沈阳主力编成“西进兵团”，企图东西并进，把解放军夹击消灭于锦州城下。而解放军则在围攻锦州的同时，一面以一部分兵力于黑山地区阻击钳制西进之敌，一面由东北野战军第2兵团司令员程子华、政治委员黄克诚指挥第4、第11纵队及冀察热辽军区独立第4师、第6师，在塔山地区占领阵地，在打鱼山、塔山桥、塔山堡、白台山、北山一线构筑野战工事，组织阵地防御，阻击“东进兵团”，以保障野战军主力夺取锦州。

塔山地处锦州、锦西之间，东临渤海，西傍虹螺山，控制着“两锦”的铁路和公路。塔山一带为丘陵地带，距锦州仅30公里，是锦西至锦州的必经之道，是国民党军西进兵团驰援锦州的必经之路，也是东北解放军堵住国民党援军的必争之地，战略地位十分重要。塔山在谁手中，谁就能掌握主动权，否则就会陷入被动。但是敌强我弱，阻击任务艰巨，东北野战军领导人林彪、罗荣桓、刘亚楼指示阻援部队:“准备在此线死守不退”，“必须死打硬拼”。因此，塔山阻击战成为辽沈战役中的关键战役。

1948年10月10日至15日，国民党军“东进兵团”在飞机、舰炮和地面炮火的配合下，先后采取全线攻击中间突破两翼牵制、以“敢死队”为前锋突进及偷袭等战法，实施轮番进攻。解放军第4纵队在第11纵队等部配合下，依托野战阵地，在炮兵火力支援下顽强抗击，并结合小部队阵前反击及大部队阵前出击，进行坚守，将一度冲入塔山堡阵地的国民党军“敢死队”击溃，夺回了阵地。第11纵队攻取了国民党第54军的寺儿堡阵地。独立第4师、第6师向锦西、葫芦岛侧后活动，牵制敌人的进攻，迫使敌人全部溃退。

塔山阻击战鏖战六昼夜，东北野战军阻援部队共歼国民党军6549人，守住了阵地，保障了主力部队的侧后安全和攻锦作战的胜利。

塔山阻击战使塔山闻名于世。塔山本来没有塔，阻击战后在这里修筑了一座高大的纪念塔，使塔山有了塔，烈士的鲜血使塔山永放光芒。

关向应故居纪念馆

概况

关向应故居纪念馆位于关向应的出生地——辽宁省大连市金州区

◎关向应故居

向应镇关家村大关屯。纪念馆建于 1986 年，与关向应故居前后相连。2001 年关向应故居被中宣部列入第二批全国爱国主义教育示范基地。

关向应故居是一座三间石砌低矮的茅草房，占地面积 680 平方米。1902 年 9 月 10 日关向应在此出生，这里有他少年时代亲手栽种的大槐树和一家世代传用的老石磨。

关向应纪念馆的院中有关向应半身塑像。塑像后是一排整齐的展览大厅，分三个展室十个部分：青少年时代；在国统区工作时期；在湘鄂西革命根据地；开辟黔东特区，创建湘鄂川革命根据地；在长征中；率部挺进西北，开展敌后游击战；率部驰援冀中转战晋察冀；战斗在晋绥；为党鞠躬尽瘁；永远学习的榜样。通过 148 幅珍贵的历史照片、资料和 77 件实物，详实地介绍了关向应同志革命的一生。

录像厅向参观人员播放“关向应的生平事迹”、“追悼会录像”以及党和国家领导人视察该馆录像带等。

精忠报国志

1902 年，关向应出生于辽宁金县一个贫困的农村家庭，原名关致祥。因为家乡在日俄战争后已沦为日本的殖民地，所以他从小就眼睁

睁看到家乡父老饱受战祸滋扰和侵略者的凌辱。

1920 年关向应在大连公学堂读书时，常在学校发的日文课本书眉上批写“中国”、“我是中国人”、“精忠报国”这样的字句，画一些丑化日本侵略者的漫画，抒发他对日本殖民者的仇恨心情；他还参加了反对日本教员殴打中国学生的罢课活动。1923 年，他在泰东日报社做工时，率众“教训”了辱骂中国人的日本殖民者，迫使此人当众道歉。他愤怒地说：“非把日本帝国主义打走不可！”

1924 年 5 月，关向应入上海大学学习，同年底赴苏联莫斯科东方大学学习。1925 年 1 月，关向应如愿以偿在东方大学加入中国共产党。

从 1927 年到 1929 年，关向应从事共青团的工作。1927 年底，他来到上海，任共青团中央组织部部长，协助团中央执行局书记任弼时从思想上、组织上整顿共青团，使得共青团在中国革命的转折关头，发挥了坚强的战斗作用。1930 年 9 月在中共六届三中全会上当选为中央政治局委员。1931 年 1 月在中共六届四中全会上当选为中央政治局候补委员，同月担任中华全国总工会党团书记、中华全国铁路总工会党团书记。

1932 年 1 月，关向应到达湘鄂西革命根据地，先后任中共湘鄂西

◎关向应纪念馆

中央分局委员、军委分会主席，红三军、红二军团政治委员，还被选为中华苏维埃共和国第二届中央执行委员。在从洪湖到湘鄂川黔苏区的极其艰苦的 4 年间，关向应和贺龙率部转战不息，对红二军团与根据地建设做出了卓越的贡献。

1935 年 11 月，贺龙、任弼时和关向应等领导红二、六军团，从湖南桑植出发开始长征，经过种种艰难险阻，于 1936 年 7 月初同红四方面军在川康边的甘孜会师。中央决定红二、六军团和三十二军合编为红二方面军，关向应任副政治委员兼红二军团政治委员。

抗日战争中，关向应任第 120 师政治委员和中共中央晋绥分局书记，和贺龙共同创建了晋绥解放区，并率领部队转战冀中平原和晋察冀边区根据地，战斗足迹遍及华北各地。

在贺龙眼中，关向应不仅是杰出的政治工作领导者，同时又是卓越的高级军事指挥员。从湘鄂西苏区的历次反“围剿”，到晋绥边区和冀中根据地历次反“扫荡”，他始终和贺龙共同指挥战斗。尤其是在冀中平原进行的第一次大兵团运动战——歼敌 700 余人的河间齐会战斗，全歼日军独立第八混成旅三十一大队 1200 余人的灵寿陈庄战斗以及协同晋察冀军区部队歼灭日军第二混成旅、击毙中将旅团长阿部规秀的涞源黄土岭战斗，都是载入史册的重大胜利。

向应同志不死

长期繁重的秘密工作和异常险峻的战争生活，严重损害了关向应的健康。他罹患肺病，在晋西北和冀中多次发病，但仍以惊人的毅力坚持工作。1940 年秋关向应终被重病击倒，党中央、毛泽东要他速回延安诊治，直到 11 月他才回到延安。不久，关向应得知敌人对晋西北进行规模空前的冬季扫荡。1941 年初他不顾病痛和医生的劝阻，毅然返回前方的山西兴县，又日夜操劳，战斗不息。有一次接连开了四五天会，累得吐了血，由组织上强送军区医院疗养。他虽重病在身，仍

不停地阅电报、批文件，向贺龙提出各种建议，致使病情恶化。10 月初，贺龙亲自送他赴延安治疗。

在延安治病期间，他始终以坚强的意志和惊人的毅力，忍受着病痛的折磨，密切配合医生的治疗，坚决同病魔作斗争。

在病榻上，关向应仍然不停地思索着党和军队的大问题，这对病情很不利，医生和同志们劝他不要这样。他却说这早已成为一种习惯，大家无可奈何，只好把有些事瞒着他。这也不行，他总能知道。他对医生说："如果不告诉我，我会想得更多，失眠得更厉害，病情会更严重。"

1945 年，党的"七大"在延安举行。关向应曾经表示：坐担架也要参加这次盼望已久的代表大会。无奈他的病情在七大开幕前夕骤然严重，根本无法参加。4 月 24 日，他在大会开幕第二天，送交大会一封向全党告别的信。

1946 年 1 月，他的病情一度转重。他自知病已危险。刘少奇和彭德怀受中央委托前来看望，他讲了很多话。1946 年 5 月底，他的病情变化，嗓子疼得连一口水也咽不下去，说话困难，不断冒汗。特别是胸膜开刀以后，疼得无法睡觉。他始终咬紧牙关忍受，没有呻吟，毫不畏惧。他说："我是共产党员，我还要做最后的挣扎，熬过了这个

◎关向应雕像

痛苦，我还要为党工作十到二十年。”到后来他的左肺完全萎缩，右肺将近一半坏死，他依然不颓丧。最后发现左手水肿，他又说：“把左手锯掉，有一只手照样可以做事。”

直到停止呼吸前五分钟，关向应还在说：“不要紧，我还会活下去继续为党工作！”为了党的事业，关向应耗干了他的全部，于 1946 年 7 月 21 日 22 时停止呼吸，溘然长逝，年仅 44 岁。

1946 年 7 月 23 日，毛泽东主席为关向应题下挽联：“忠心耿耿，为党为国，向应同志不死。”

抚顺战犯管理所旧址陈列馆

概况

抚顺战犯管理所旧址陈列馆位于辽宁省抚顺市顺城区宁远街 43 号，占地面积两万多平方米。2005 年该陈列馆被中宣部公布为第三批全国爱国主义教育示范基地。

目前该所经过二次大规模的维修，已经建成具有综合陈列馆、改造末代皇帝馆、日本“中归联”活动陈列馆以及 10 余个参观景点和服务设施比较配套的世界知名观光胜地。同时，该馆也是对外进行和平教育，对内进行爱国主义教育的基地。

在抚顺战犯监狱关押的战犯中有伪满国务院总务厅官武部六藏，次长古海忠之，日本陆军第 117 师团中将师团长铃木启久，第 57 师团中将师团长藤田茂，第 39 师团长佐佐真之助等日本战犯 982 人；有伪满皇帝爱新觉罗·溥仪和各部大臣等伪满战犯 71 人；有原国民党第 12 兵团司令黄维等蒋介石集团战犯 354 人。中国人民政府在对各类战犯改造期间实行了人道主义的宽大政策，通过耐心细致的教育和改造，

◎抚顺战犯管理所旧址陈列馆

最终使昔日犯下滔天罪行的日本战犯，在中国特别军事法庭的正义审判面前低头认罪，使伪满战犯和国民党集团战犯改造成为热爱祖国、热爱和平的人。

抚顺战犯管理所作为第二次世界大战反法西斯斗争胜利后关押战争罪犯的监狱，是当今世界上现存的，保护比较完整的唯一一处战犯羁押场所。

历史沿革

抚顺战犯管理所，是日本侵略者在侵华战争中，为了囚禁中国抗日志士和爱国同胞于 1936 年修建的一所旧监狱，当时称“抚顺典狱”。1945 年 8 月日本投降后，被国民党政府接收，改名为“辽东第四监狱”。新中国成立后，被人民政府接管，改称为“辽东第三监狱”。1950 年 6 月，根据中央指示，将该监狱改建为抚顺战犯管理所，并先后收押日本战犯、伪满战犯和一批国民党战犯。

1986年，国务院批准“抚顺战犯管理所”，作为改造战争罪犯的旧址，正式对国内外开放。由财政部拨款对原址进行全面修缮，恢复其原貌。同时根据国务院指示，将战犯管理所旧址改建为“抚顺战犯管理所陈列馆”。

从正式对外开放至今，该馆共接待36个国家和地区观众400余万人，其中日本游客3万左右。近300名日本战犯曾重访过被他们称为“再生之地”的这间管理所，众多日本战犯归国后成了中日友好人士，这一点被世人认为是奇迹。

2008年4月起，辽宁省委、省政府投资3030万元人民币对该馆进行全面修缮。重新开放的抚顺战犯管理所恢复建设了部分当初的建筑和大礼堂，新建2000平方米现代化陈列馆；增加了《改造日本战犯陈列馆》和《改造末代皇帝专题展》等展馆，展览面积扩大4倍，基本使其恢复了原貌。

在新落成的抚顺战犯管理所新陈列馆内，2000平方米的现代化展厅内，展示800余张图片、500多样实物，特别是有关末代皇帝溥仪的80余件实物展品还是第一次向世人展示。

这里不仅是日本侵略者为镇压中国人民修建的监狱，也是中国政府押改造日本战犯的场所；既是封建清王朝的发祥地，同时也是末代皇帝改造的地方，反映了中国近代历史发展的全过程。

溥仪的十年改造

陈列馆里，最吸引人的还是《改造末代皇帝专题展》，它全面地再现了溥仪这位末代皇帝的10年囚禁、改造生活，告诉人们溥仪是如何从这里走向了新生。

1950年8月1日，溥仪结束在苏联囚禁生活，被引渡回国，走进抚顺战犯管理所，开始了他“重生再造的10年”之路。

溥仪刚进入管理所，自知罪孽深重，怕被处死，因而与小家族的人订立攻守同盟隐瞒罪行，管理所发现后调整监舍，将溥仪与家人分开。至今在管理所还保留着关押溥仪的监舍供人们参观。

在那个物资比较匮乏的年代，溥仪受到了人道主义的待遇。展出的一张溥仪 1955 年的体检表，记录当时他体重 65 公斤，胸围 70 公分，两眼近视性散光、高度近视等指标。由于管理所为溥仪营造了良好的改造环境，提供优厚的伙食待遇，做好医疗保健工作，这一时期溥仪的身体已比刚入监时好了许多。

管理所为溥仪安排了简单劳动生产、社会参观等一系列教育活动。在管理所，他经常参加种菜、园艺等轻体力劳动，学会了洗衣服、缝补衣物，还参加中医小组学习，学会了给其他战犯量血压。

通过劳动、学习和走进社会，溥仪逐渐认清形势，放弃了旧我，认罪悔过。展出的一张照片表明，在中国特别军事法庭上，他站出来，开始揭露日本侵略者的罪行。

在管理所的后期，溥仪多次接待包括英国、法国、缅甸、泰国的来访者，述说自己改造的体会。展出的一张照片告诉人们，1957 年春节过后，溥仪在管理所开始写自传，就是后来轰动世界的《我的前半生》的雏形。

1959 年 12 月 4 日，管理所俱乐部内举行特赦战犯大会，最高人民法院法官念到的特赦名单第一个名字就是“爱新觉罗·溥仪”。记录该场景的照片显示，身穿 981 号囚服的溥仪当时举起双手接过了《特赦通知书》。

展览不仅反映了溥仪在管理所的改造经历，其中也包括了他的一些“私人生活”，比如这里保存有 1957 年李玉琴与溥仪的离婚诉状中，该诉状记录了二人的相关自然状况：时年李玉琴 28 岁、溥仪 51 岁……

展览末尾引用了周恩来的一句话：“我们把末代皇帝改造好了，这是世界的奇迹。”

平顶山惨案遗址纪念馆

概况

平顶山惨案遗址纪念馆位于抚顺市东洲区南昌路 17 号，距市中心约 4 公里，是国内保存最完好的二战期间日本帝国主义屠杀中国平民的现场。2005 年，纪念馆被中宣部公布为第三批全国爱国主义教育示范基地。

1932 年 9 月 16 日，“九一八”事变后的一年，日本军队为了镇压和报复辽东民众的反抗，将平顶山村 3000 多名村民驱赶到平顶山脚下，进行了血腥的集体屠杀。日军先用机枪扫射，又用刺刀重挑一遍，甚至挑出孕妇腹中的婴儿。最后为了掩盖罪行，用汽油焚尸，放炮崩山，将殉难者的尸骨掩埋于山下，并纵火烧毁了全村八百多间房屋，将平顶山村夷为平地，制造了震惊中外的“平顶山惨案”。

1951 年 3 月，为了纪念在“平顶山惨案”中死难的同胞，抚顺市人民政府在惨案旧址建立“平顶山殉难同胞纪念碑”。1970 年，抚顺市开始发掘平顶山惨案遗址，建立平顶山殉难同胞纪念馆，1972 年纪念

◎平顶山惨案遗址纪念馆

馆正式落成，并对外开放。

1988 年 1 月 31 日，国务院将“平顶山惨案”遗址公布为全国重点文物保护单位，将原“平顶山殉难同胞遗骨馆”改称“平顶山惨案遗址纪念馆”。

平顶山惨案遗址纪念馆共有两处展室，一处是平顶山惨案遗址纪念馆，建筑面积 1170 平方米，展出发掘出土的 800 多具遇难同胞的遗骨。另一处是“平顶山惨案特展”，用以展出在平顶山惨案遗址出土的文物和图片资料。现有馆藏文物 2500 多件，主要有遗址中发掘出土的遇难同胞遗物，满铁宣传品、书籍，日本关东军的武器、军旗、军服、望远镜，抚顺矿工用具，伪满教科书、报纸，抗日义勇军武器，参观者的悼词、题词、纪念品、图片等。

平顶山惨案

“九一八”事变之后，东北大好河山陷于日寇铁蹄之下，虽然中国政府军队撤出东北三省，但是民间抗日义勇军一直在反抗日本军队。

1932 年 8 月 15 日的夜晚，辽宁民众抗日自卫军约 1200 人途经平顶山攻打抚顺，在平顶山烧毁了日军的仓库、工厂、派出所、事务所等，然后继续向前进发，途中又袭击了日军杨柏堡采炭所，处死了采炭所所长渡边宽一，打死了自卫团长平岛善作等七八个日本人，并放火烧毁了采炭所。抚顺日军拿抗日武装没办法，于是迁怒于无辜的平民百姓，他们鉴于这支抗日武装往返均经过了抚顺郊区的平顶山，而这里的居民无人举报告密，日军抚顺守备队认定这里的居民是“通匪”，所以决定以屠杀的方式来进行报复。

1932 年 9 月 16 日上午，日本宪兵抚顺分遣队和守备队的大批日本兵进袭平顶山，他们首先控制了东、西两个大山头，包围了全镇，然后以照相为名，用刺刀将百姓和矿工逼赶到平顶山南面的洼地里。洼地的北面是铁丝障；西面为陡壁断崖；东面放着六个被红布蒙着的东西。大约午后1点多钟，突然，红布被揭开，露出了六挺机枪。敌人一声令下，机枪疯狂地向人群扫射。顿时，鲜血四溅，血肉横飞，惨叫声、呼喊声连成一片。活着的人们拼命地冲向南面的缺口，但这里早有日军设防，所以幸存者甚少。随后，日本兵把平顶山居民的房子全部泼上汽油点着，整个平顶山被火吞没。

机枪声停止后，整个草坪被鲜血染红，成了一片血海。刚要撤退的日本人突然发现没死的人都挣扎着往外跑，马上跳下车，一个个端起刺刀，从北到南挨个地往人身上刺。刺到死人身上，只听到喀吃声，没有反应；刺到活人身上，发出各种凄厉的惨叫声。第二次屠杀直到太阳快要落山，历经了三个小时，阵阵晚风卷着又咸又腥的鲜血味，夹杂着机枪射击后的硝烟味，扑鼻而过。昔日的平顶山，只剩下一座老君庙。

大屠杀后的第二天，日军雇佣朝鲜浪人到平顶山，用钩子将尸首垒到山崖下，浇上汽油焚烧，之后用炸药将山崖炸崩，以掩埋罪证灭迹；然后又在屠杀场四周拉上铁丝网，抓来劳工在此铺设铁道；接着，又以守备队的名义，命令抚顺县长在平顶山、粟家沟和千金堡的废墟上制作假房，拍成照片，以掩盖其屠杀罪证。同时贿买正在沈阳的国联调查团新闻记者，让他们保持缄默。事后，日军布告全县，不准收留平顶山大屠杀中幸存下来的百姓，违者即是“通匪”，其全家将处死。

此次屠杀，平顶山3000余名无辜百姓横遭杀戮，其中三分之二是妇女、儿童，400多户人家几乎被杀绝，800多间民房被烧毁，幸存者有100余人，其中大部分因为无人救治而伤重死亡，最后有四五十人幸存。

平顶山惨案是日本法西斯大规模屠杀和平居民的起点，也是日本军队实施杀光、烧光、抢光“三光”政策的起点。平顶山惨案遗址是日本法西斯突破人类社会发展进程中道德良知的最底线，完全违背国际公法、公理和人类正义准则的典型罪证遗存，是维护世界和平、反对侵略战争的教育基地。

辽宁东北抗联史实陈列馆

概况

东北抗联史实陈列馆位于辽宁省本溪满族自治县，该馆是全国抗联史实陈列专题中规模最大、史料最全的，也是辽宁省范围内第一个东北抗日联军题材的纪念馆。2005 年，东北抗联史实陈列馆被中宣部列入第三批全国爱国主义教育示范基地。

东北抗联史实陈列馆于 2005 年 7 月 29 日正式开工建设，建筑面积 5040 平方米，其中陈列面积 3000 平方米，共分序厅、主展厅、英烈厅三个部分，主展厅共有 12 个展室。

陈列布展以“林海雪原，抗联英雄”为主题，以东北抗联重要历史事件、历史人物、历史战役为线索，通过大量的史料、照片、图表、文物、实物以及抗联浮雕、场景复原等陈列展示形式，全面而系统地反映了东北抗日联军 14 年的艰苦斗争历史，生动地再现了东北抗联与日本侵略者英勇斗争的历史，反映了抗联将士顽强的斗争精神和百折不挠的民族气节。

◎辽宁东北抗联史实陈列馆

东北抗日联军

中国抗日战争的第一枪，是在东北打响的，这里也打完了抗日战争的最后一枪，历时 15 年，是中国历时最长的抗日战场，也是世界反法西斯东方主战场上最艰苦的抗战地区之一。

“九一八”事变后，东北大好河山沦陷于日军铁蹄之下。在这民族危亡的紧要关头，中国共产党发出指示，号召人们动员起来，在农民中组织游击队。东北抗联就是在这种情况下横空出世的，它像是一道血肉铸起的长城，屹立于白山黑水之间。东北抗日联军（简称东北抗联）作为中国共产党亲手创建并领导的抗日队伍，它的前身是东北抗日义勇军余部、东北反日游击队和东北人民革命军。

东北抗日联军共有 11 个军，人数最多时有 4 万多人，其中，第一、二、三、六、七军是在反日游击队（共产党领导）的基础上建立的；第四、五两军是在王德林的救国军和李杜的抗日自卫军余部的基础上建立的；第八、九、十、十一军是在义勇军余部和抗日山林队的基础上建立的。

在 14 年的绝境苦战中，东北抗日联军牵制了数十万日伪正规军，动摇了侵略者的大后方，强有力地支援了全国的抗日战争。面对日益壮大的东北抗联，日本侵略者调集大批部队一次又一次进行疯狂地“讨伐”，实施“三年治安肃正计划”。到 1939 年，东北抗日联军与上级党组织失去了联系，许多地方党组织遭到毁灭性破坏，抗联山上密营损失殆尽，粮食、药品、盐等给养完全断绝，许多优秀的指战员壮烈牺牲，部队损失惨重。

从 1939 年到 1940 年，东北抗日联军的游击战争转入极端艰苦的斗争阶段。但是东北抗日联军的意志没有被打垮，抗联部队缩编，开展小型游击战争，保存了一部分精华和骨干力量，进入苏联境内整训。在苏联整训期间不断派小部队深入中国抗联游击区进行游击战，直到

1945 年 8 月，他们配合苏军重新进入东北，在解放东北的斗争中起到了重要作用。

“老抗联”记忆中的战斗岁月

哈尔滨工业大学离休干部李桂林是当年东北抗联十二支队的一名战士。在老人看来，抗联时候的艰苦岁月是比生命还要珍贵的。每次回忆起那段时光，他的眼中总会写满凝重。

1941 年冬，老人所在的部队奉命撤退进山作战，主要活动在原始森林中。由于日军实施“铁臂合拢、篦梳森林”政策，部队和地方党组织失去联系，没有粮食，没有兵源，一年四季生活在深山老林里。春天，一种叫草爬子的昆虫成了天敌，这种昆虫传播森林脑炎，落到人身上就钻进肉里吮吸血液，发现后往外拽时，头就留在肉里，痛痒十几天，有的战士因此中毒死去；夏天，各种蚊虫咬得痛痒难忍，身上挠得溃疡发炎；漫长的冬天更可怕。大雪封山，没有吃和住，仅有的马也杀了不少。有时在老乡家买些苞米粒，没时间做熟就吃生的，渴了就吃口雪，后来又吃皮带和皮鞋。最后实在没吃的，就吃草根和衣服里的棉花，吃下去也消化不了。

冬天气温能达到零下三、四十度。白天，抗联军要躲避日寇的追击，晚上还要找个避风的山崴子雪地露营。天太冷，大家一手托着腮，一手抱着枪，把手夹在两腿中间，蜷着身子睡。很多人晚上睡觉时还好好的，却永远没有醒过来，都被活活冻死了。

1943 年，苏联的东北抗联教导旅派人到国内寻找抗联战士，当时的抗联战士包括李桂林老人在内仅剩七个人了。在日军的追堵之下，他们从通河县凤山村大东北岔出发，徒步行走 3 个月，穿山越岭到达苏联红七军第 88 旅北野营驻地，重新回到了抗联大部队。在苏联进行军事训练，后来配合苏联红军开赴中国东北战场同日军进行战斗，接管了东北主要的大小城市和市县。

从1944年冬季开始，在苏联整训的抗联部队开始计划配合苏军进攻东北，此时中苏边境日军的驻防情况和火力配置等情报就变得尤为重要。而日军为了防止有人穿越中苏边境，在已经封冻的黑龙江上布置了绵延数公里的铁丝网和观察哨，严密监视着界河上的一举一动。

留守在国内的抗联侦察部队在取得了日军全部驻防情况和相关情报后，为如何将情报传递出去而犯了难。但是随后不久他们就找到了一个巧妙的方法，李桂林老人就曾接受过这个任务。

他先是在江水转弯处找到一处日军观察哨不太容易看到的地方，然后在天黑的时候换上白色的雪地服，携带情报来到江边用钢钎凿穿冰面。他把情报和干衣服先装进一个不透水的羊皮袋内，后从冰窟窿进入冰冷的江水里。

由于黑龙江在封冻时的水位还很高，封冻后江水进入枯水期，所以在江水和冰面间会出现一个大约30厘米左右的缝隙。他们正是利用了这一点泅渡过江，然后在冰层下面用钢钎凿穿冰层上岸，换好干衣服后，就可以迅速向抗联的整训地前进了。

“老抗联”记忆中的故事还有很多，真实的困境一定比我们想象中还要艰苦，而这份深深的爱国情谊更是会传承下去。

旅顺日俄监狱旧址博物馆

概况

旅顺日俄监狱旧址位于大连市旅顺口区向阳街139号，这座监狱是1902年由沙皇俄国始建，1907年日本扩建而成。2005年，旅顺日俄监狱旧址博物馆被中宣部列入第三批全国爱国主义教育示范基地。

监狱建筑呈“大”字形放射状，灰砖部分系沙俄早期修建，红砖

◎旅顺日俄监狱旧址博物馆

部分则是日本后期扩建的。监狱围墙内，占地面积 2.6 万平方米，有各种牢房 275 间，可同时关押 2000 多人。每层牢房都是并列两排，在走廊地面中间安装铁箅子，除供看守监视外，还可以透光和上下空气流通。三面牢房的连接处设有看守台，看守可同时监视左中右三面牢房。还有检身室、刑讯室、绞刑室和 15 座工场。监狱围墙外，有强迫被关押者服苦役的窑场、林场、果园、菜地等，总占地面积 22.6 万平方米。许多中国和朝鲜、日本、俄罗斯、埃及等国家的人民曾被囚禁和屠杀于此。

这座由两个帝国主义国家在第三国先后建造的监狱是帝国主义列强侵华的铁证，其野蛮和残忍程度实属世界罕见。

1945 年 8 月，苏联红军进驻旅顺，监狱解体。1971 年 7 月，监狱旧址经过修复后，作为陈列馆向社会开放。

旅顺日俄监狱旧址博物馆我国目前保存最完整、内涵最丰富、规模最大、展线最长、国际性最强的遗址类博物馆，其纪念意义、教育意义和史料意义在世界历史上也是独一无二的。

惨痛的历史

在旅顺日俄监狱里，有许多爱国志士和共产党员及大批无辜百姓惨遭酷刑与折磨。其中大多数为中国人，也有反战的日本人与朝鲜人。

著名的朝鲜民族英雄安重根在哈尔滨火车站击毙日本侵略头目伊藤博文被抓捕后，被押送到旅顺监狱遭遇了惨无人道的摧残达五个月之久。在狱中，他写下了《狱中记》和《东洋和平论》，呼吁亚洲人民团结起来，争取独立，用鲜血捍卫和平。1901 年 3 月 26 日 10 时，安重根凛然赴刑场就义，时年仅 32 岁。朝鲜电影《安重根击毙伊藤博文》真实地写照了这一历史过程，其中大部分是在依据这座监狱的历史资料复制拍摄的。

1927 年到 1937 年间，中共大连地下党组织先后 4 次遭到日本当局的严重破坏，很多共产党员在狱中惨遭迫害。在狱中，有 3 名党员秘密成立了支部，坚持发动监狱关押人员进行抗争活动，表现了狱中“野火烧不尽，春风吹又生”的中国共产党人硬骨头精神。

1941 年太平洋战争爆发，日本侵略军疯狂抓捕抗日志士和爱国同胞，从东北等地用专列押送到这座监狱。然而究竟有多少人在此被害，已经无法估计。从 1942 年到 1945 年，仅在绞刑室遇难的就有 700 多人。

1945 年第二次世界大战临近尾声，在日本宣布无条件投降前夕，他们在监狱里进行了一场秘密的大屠杀，很多革命志士被绞刑和枪杀，并焚毁了监狱里的所有保存资料，以消声灭迹，掩盖其侵华罪行。

赵尚志纪念馆

概况

赵尚志纪念馆位于辽宁省朝阳市中山大街 2 段，纪念馆建设工程于 2007 年 9 月 23 日开工，到 2008 年 10 月 25 日落成开馆。2009 年 5 月，赵尚志纪念馆被中宣部列入第四批全国爱国主义教育示范基地。

赵尚志纪念馆是集纪念、馆藏、研究保护、展览以及爱国主义教

◎赵尚志纪念馆

育为一体的综合性建筑。整个建筑平面为方正的矩形，俯视整个建筑可以看到平面为一个方正的“尚”字。纪念馆高 11 米，正面长 34 米，象征着赵尚志 11 岁离开家乡以及 34 年短暂而壮丽的人生，纪念馆的正面像张开的手臂，寓意家乡人民张开怀抱迎接将军魂归故里。

纪念馆以弘扬尚志精神为主题，以赵尚志的革命战斗经历为主线，通过实物、绘画、图片、场景及现代化科技手段，向人们讲述了赵尚志将军悲壮而又传奇的一生。

纪念馆建筑面积 6000 平方米，布展面积 4000 平方米。展厅分为上下两层。纪念馆基本陈列分为八个部分。

第一部分“忠义之家刚烈少年”这一部分主要讲述的是英雄的家乡，以及赵尚志一家“满门忠烈”的情况。

第二部分“寻求真理投身革命”这一部分讲述的是赵尚志在哈尔滨市许公中学读书，1925 年底，赵尚志考入黄埔军校第四期入伍生，以及在投入革命洪流不久，赵尚志就先后两次被捕入狱，度过了将近四年的铁窗生涯等情况。

第三部分“武装抗日威震北满”讲述了 1931 年 9 月 18 日，日本帝国主义发动了震惊中外的“九·一八事变”，抗日救国成为当时中国人民最迫切的要求。赵尚志正是在这一过程中成长为抗日民族英雄，创造了他生命中最后十年的辉煌。接下来的第四、第五两部分讲述的就是作为优秀的军事指挥家的赵尚志的主要战斗经历。

第四部分“白山黑水铁血三军”。1936 年，赵尚志任东北抗日联军第三军军长。第三军所属的 9 个师，在赵尚志的率领下，在半年多时间里就参加了大小百余次战斗，歼灭敌人一千多人。

第五部分“治军治校文韬武略（略）”。

第六部分“面对挫折忠贞不渝”讲述了赵尚志的一生是极其曲折坎坷的，他不仅要面对敌人的抓捕和围剿，还要承受来自党内的压力和委屈。赵尚志的一生中两次被错误的开除党籍。一直到 1982 年，赵尚志牺牲 40 年以后，中共黑龙江省委才再一次恢复了他的党籍。

第七部分“将军蒙难血染梧桐”这一部分主要运用了一个大型的幻影成像系统讲述了赵尚志将军牺牲的整个经过。

第八部分“中华英魂浩气长存”讲述了赵尚志牺牲后，他的丰功伟绩和革命精神始终被人们传颂，这一部分展示了人们如何通过各种不同的方式纪念这位伟大的民族英雄，以及人们怎样历尽波折，用了 62 年时间，终于找寻到了将军的头骨的艰辛历程。

“小小的‘满州国’，大大的赵尚志”

赵尚志，1908 年 10 月 26 日生于辽宁省朝阳县喇嘛店的一个农民家庭，早年投身学生爱国运动，1925 年夏加入中国共产党，是东北地区最早的共产党员之一。后经党组织批准，南下广州报考黄埔军校，被编入黄埔军校第四期学习。1926 年 5 月，蒋介石提出“整理党务案”，要求黄埔军校学生表明党籍。赵尚志毅然退出黄埔军校，按照党的指示回到哈尔滨，从事建党工作。

1930 年，党组织派赵尚志负责学运工作。工作期间，赵尚志曾两次被捕入狱。“九一八”事变后，赵尚志获释出狱。不久满洲省委任命赵尚志为省委军委书记，负责领导抗日武装工作。1934 年 3 月末，由二十余支抗日义勇军组成的东北反日联合军成立，赵尚志被推选为司令，后改编为东北反日游击队哈东支队，他继任司令。1935 年 4 月，根据满洲省委紧急通知精神，赵尚志当选为北满临时省委执行委员会主席。

1936 年 1 月，东北民众反日联合军总司令部成立，他任总司令。

1936 年 8 月间，赵尚志被任命为东北抗日联军第三军军长，下辖七个师，全军约 6000 多人，活跃在松花江两岸二十多个县境内。1939 年后，由于日伪军连续派重兵“讨伐”，东北抗日战争进入艰苦时期。敌人曾悬赏一万元通缉赵尚志，甚至叫嚣“一钱骨头一钱金，一两肉一两银”；同时敌人多次派遣特务奸细混入抗日军内部，企图暗杀他，均未得逞。

1942 年 2 月 12 日，赵尚志在率部袭去日伪梧桐警察分驻所的战斗中被内奸打伤，受伤错迷后被日军逮捕杀害。

被“开除党籍”的抗日英雄

曾任东北抗日联军第三军军长、第二路军副总指挥等职的赵尚志，是人尽皆知的著名抗日英雄。但其生前曾两次被“开除党籍”，死后 40 年才被恢复党籍的坎坷经历却鲜为人知。

“九一八”事变后，面对东北大部分国土都陷于日本帝国主义的铁蹄之下的危急形势，赵尚志发誓要在北满尽快成立一支反满抗日武装，以武装斗争直接反抗日本帝国主义对东北人民的奴役和压迫。于是，化名为李育才的赵尚志来到巴彦，培养了一批抗日骨干。1932 年 11 月，根据满洲省委指示，巴彦游击队被编为中国工农红军第三十六军江北独立师，赵尚志任政治部主任。这支抗日队伍深入敌后，开展游击战争，进行过西征，横扫过北大荒。后因遭到鄂伦春族牧民的围攻和日军的包围等沉重打击之下，这支刚刚建立不久的抗日武装最终被打散。

省委工作负责人在不了解部队失败的真正原因的情况下，就擅自做出《关于开除赵尚志党籍的决议》。面对这一突然打击，性格刚毅的赵尚志的心情变得格外沉重。但是他并没有消沉下去，依然坚定地投身到抗日中去。考虑到他的革命经历和多年对敌斗争的表现，大部分省委委员仍然主张让他担任群众工作，被任命为工会主席。

1933 年 4 月，赵尚志来到宾县孙朝阳的反日义勇军参加抗日活动。他一度受到不公平待遇，但没有受到丝毫影响，继续挥枪抗敌，凭借卓越的军事谋略屡屡立下战功，给了侵华日军以沉重打击。他也从最初的马夫成为了“东北反日游击队哈东支队”总司令。

1935 年，根据赵尚志的多次请求，省委慎重考虑赵尚志在离开党组织两年时间的表现，并搞清了这起冤案的来龙去脉，于 1 月 12 日正式做出《关于恢复赵尚志同志党籍的决定》。

1935 年 1 月 18 日，赵尚志被任命为东北人民革命军第三军军长，后还曾任东北民众反日联合军（后改北满抗日联军）总司令。第三军所属的 9 个师，在赵尚志的率领下，在半年多时间里就参加了大小百余次战斗，歼灭敌人 1000 多人。

1940 年 1 月中旬，当时赵尚志正在苏联境内伯力参加一次党的会议。他万万没有想到，这时会上从国内传来他再次被开除党籍的消息。对于为党和民族出生入死的赵尚志来说，这无疑是一次更为沉重的打击。

这次事件源于 1940 年初，中共北满省委听信内奸尚连生的造谣和诬告后，在赵尚志不在场、无法申辩的情况下，突然召开第十次常委会并做出把他开除出党的决议。让赵尚志痛心的是，与第一次被开除党籍不同的是，这次居然给他加上了“永远开除”四个字。在这份《关于永远开除赵尚志党籍的决定》中，指出把他永远开除出党的原因在于他犯有三大严重错误：一，赵尚志于 1936 年在党的会议上反对中共中央路线，反对王（明）康（生）指示信；二，实行“左”倾关门主义路线；三，怀疑北满省委主要负责同志为党内奸细，并密谋捕杀北满省委负责人。

赵尚志在苏联看到这一文件后，悲愤欲绝，当场提笔给北满省委写了一封言词诚恳的《请求书》。在承认自己确曾犯有错误的同时，又声泪俱下地要求北满省委把他留在党内。当时的中共北满省委书记在收到赵尚志从苏联寄回的《请求书》后，不久即复信给赵尚志。根据北满党大多数同志的讨论决定，只取消其“永远”二字，改为“开除赵尚志党籍”。其他，没有减轻的余地。

1942 年 4 月 12 日，赵尚志在战斗中受伤被俘后，在审讯过程中，赵尚志宁死不屈。因伤势过重，被俘 8 小时后壮烈牺牲，时年 34 岁。

1982 年，党的十一届三中全会后，中共黑龙江省委根据中央组织部的指示，对赵尚志 1940 年遭受党内处分一事进行认真的复查。同年 6 月 8 日，黑龙江省委做出《关于恢复赵尚志同志党籍的决定》。该决定指出：“撤销 1940 年 1 月中共北满省委《关于开除赵尚志党籍的决定》，恢复赵尚志党籍，推倒强加给赵尚志的一切不实之词，恢复名誉。”

铁西老工业基地展览馆

概况

沈阳铁西老工业基地展览馆于 2005 年开始进行规划建设，2007 年 6 月建成并正式对外开放。2009 年 5 月，铸造博物馆、工人村生活馆与铁西人物馆、蒸汽机车博物馆统一以“铁西老工业基地展览馆”被中宣部公布为第四批全国爱国主义教育示范基地。

展览馆由铸造博物馆、工人村生活馆、铁西人物馆、蒸汽机车博物馆四个场馆组成，各个场馆分别从工业设备产品、工人生活环境、铁西人物风采等不同角度对铁西曾作为“共和国工业长子”、“共和国装备部”的辉煌工业历史进行了真实再现。因此，沈阳铁西老工业基地展览馆以其鲜明的地域特色、独特的文化内涵、丰富的展出内容，成为铁西工业文化的重要载体和标志性建筑。

铁西百年工业史，既是新中国工业成长发展的见证史，也是铁西人民艰苦奋斗、无私奉献的创业史，更是铁西从计划经济向市场经济

转型、从调整改造走向全面振兴的发展史，铁西老工业基地展览馆正是这段历史的一个缩影。

2007 年 12 月，铸造博物馆、工人村生活馆分别被评为国家 AAA 级和 AA 级旅游景点，工人村生活馆也是全国唯一一家以工人生活为题材的博物馆。2008 年，铸造博物馆和工人村生活馆又分别被列为省级和市级工业文物保护单位。铁西老工业基地展览馆通过大量的实物及文字、图片资料的展示，真实再现了铁西工业发展历史和铁西产业工人生活原貌，深刻反映了铁西传统产业工人与老劳模艰苦创业的光辉历程，与铁西改造振兴、和谐发展的崭新面貌形成了鲜明对比，给人以强烈的心灵震撼和巨大的精神鼓舞，同时也使这种不畏艰苦与拼搏创新的精神代代相传。

铸造博物馆

铸造博物馆的原形为亚洲最大的铸造厂——原沈阳铸造厂的铸造车间，包括工业会展、创意产业园、文艺演艺和铁西工业发展回顾四大部分，其中 1523 件设备、工具和产品等元素演绎了铸造工艺流程和劳动场景，成了博物馆的核心。

铸造博物馆广场正门上“铸造博物馆”几个大字是在铸造件的画线平台上建起来的，广场四周散落着重达 30 吨的钢锭模子、重达 13 吨的中注管，重达 15 吨的铁包子。

走进博物馆，穿过烘干窑门搭成的大门，转盘车、碾砂机，焖火

窑等铸件工艺流程实物映入眼帘，这与高高在上的吊车和高 31 米、长 24 米的车间建筑，构成了一个壮观的大生产场面。

墙壁上，工人们生产学习的壁画与芯铁、机壳木模等元素，再现了车间的另一种场景。砂子、芯盒、风铲、沙箱、耐火管、铅粉、风冲子等，各个锈迹斑斑，似乎在向人们诉说着那段难忘的岁月。

造型车间里完全按原生产状态布满了钢锭模子、芯铁、沙箱等。最为引人注目的是 10 吨冲天炉。据曾在此工作过的工程技术人员说，铸造厂大部分铸件都是冲天炉化成铁水浇注而成的，每天要出 80 吨钢水。铸造车间是当时铸造厂工作环境最差的地方，然而，就是在这种恶劣环境下，工人们铸造出了辉煌的沈阳工业，装备了中国工业。

铁西老工业基地展览馆的建设，不仅使铁西工业文物得到了有效保护，铁西厚重的工业文明得到进一步传承，同时也充分体现了铁西老工业基地坚持科学发展和可持续发展的时代进程，展现了铁西老工业基地焕发出的勃勃生机和崭新风采，铁西工业文化品牌的形象更加鲜明。

阜新万人坑死难矿工纪念馆

概况

阜新万人坑死难矿工纪念馆位于阜新市太平区孙家湾南山，原为日伪统治时期埋葬死难矿工及抗暴青工的墓地，是日本侵略者残害矿工所犯滔天罪行的铁证。2009 年，阜新万人坑死难矿工纪念馆被中宣部公布为第四批全国爱国主义教育示范基地。

阜新煤田从 1897 年发现，到新中国成立前的半个多世纪的发展历程中，阜新煤矿工人经受了帝、封、官三座大山的重重压迫，特别是 1931 年“九一八”事变后，日本侵略者武装占领了全东北，从此开始

◎阜新万人坑遗址

了长达14年的殖民统治。在这14年中，日本帝国主义为了“大东亚圣战”，对阜新煤田实行了疯狂的“人肉开采”政策，仅从1936年至1945年的10年间就掠走2500多万吨煤炭资源，同时，也造成了数十万矿工的死亡。日寇为埋葬日益骤增的死难矿工，于1940年前后在矿区附近设立了4个满炭墓地，占地50.412万平方米，掩埋死难矿工约11万多人，各墓地埋人数以万计，故称“万人坑”。

1968年，阜新矿务局（现阜矿集团公司）对日本侵华时期死难矿工埋葬遗址进行发掘建设，定名为“阜新矿务局阶级教育展览馆”，后改为“阜新万人坑死难矿工纪念馆”。由于当时条件限制，仅在孙家湾南山发掘3处死难矿工遗骨遗址、7个单人典型遗骨馆、1个矿史展览馆、1个收集散落矿工遗骨的白骨厅，除白骨厅外全部就原址原葬形态而保存下来的。这是全国唯一一座保存最完整、规模最大、最形象的大型死难矿工群葬遗址。

目前，阜新“万人坑”占地20.4万平方米，建筑面积1505平方米，现有死难矿工遗骨馆11座、大型图片展览馆1座、纪念碑1座及配套花园、广场各1处。

阜新“万人坑”是日本侵略者侵占中国期间，屠杀、残害中国人民留下的历史遗迹，是日本侵华的历史罪证，被史学家称为“南有南京大屠杀，北有阜新‘万人坑’”。

“万人坑”的故事

1931年“九一八”事变后，日本帝国主义武装侵占了中国东北，在这里进行了为期 14 年的殖民统治。在这 14 年中，日本帝国主义对阜新的煤炭资源进行了疯狂的掠夺，使成千上万的矿工死于非命。为了埋葬日益增多的死难矿工，1940 年前后，日本侵略者在矿区设立四大“满碳墓地”：新邱兴隆墓地、孙家湾南山墓地、五龙南沟墓地、城南墓地。各墓地埋的死难矿工成千上万，矿工都叫它“万人坑”。

日伪统治时期的煤矿是矿工的人间地狱。矿内设有监狱、狼狗圈、死人仓库。日本侵略者为了掠夺煤炭，采用非人的暴力手段残害煤矿工人。日本侵略者强迫食不饱腹、衣不遮体的矿工从事繁重而又危险的劳动，每天工作 14 个小时以上。特别是 1942 年以后，日寇为了掠夺更多的煤炭，推行了“人肉开采”政策，强迫矿工昼夜挖煤，造成矿井恶性事故不断发生，再加上传染病流行得不到医治，矿工成批死亡。哪里有压迫，哪里就有反抗。矿工无时无刻不在伺机反抗，日本侵略者以电刑、吊挂、火烙、站笼等酷刑镇压工人，许多矿工惨遭杀害。

孙家湾万人坑建于 1940 年，占地面积 203880 平方米，仅此一处，就埋葬三四万矿工的遗骨。

新中国成立后，在这座万人坑的东面和西面发掘出两座遗骨坑。据当事人回忆，西面的一处（现为死难矿工遗骨馆）埋有大约 300 名矿工。坑内的尸骨有的肢骨、椎骨、肋骨被折断，有的额骨穿洞、断裂。还有一具尸骨，两臂撑地，双腿后蹬，上身挺起，头微扬，呈往前爬状。可见，他们经受了日伪统治者非人折磨，有的在坑下被冒顶砸死、瓦斯熏死，有的冻死、饿死，有的被活活打死，有的因病不能干活被活埋。东面的一处（现为抗暴青工遗骨馆），埋葬的是因反抗日伪黑暗统治，为争取民族解放而惨遭毒害的爱国青年矿工 137 人。坑内尸体有的单层摆放，有的码摆 5 层。这两座遗骨坑只是万人坑的一个缩影。当时，这座万人坑的南山坡上尸横遍野，野狗成群，令人惨不忍睹。

万人坑的堆堆白骨是历史的见证，它诉说着煤矿工人的苦难悲歌，控诉着日本侵略者的滔天罪行。

参考文献

1.房俐. 百个爱国主义教育基地. 长春：吉林文史出版社，1999 年

2.中宣部宣传教育局等编. 神州魂——百个爱国主义教育示范基地巡礼. 北京：长征出版社，1997

3.《中宣部首批公布百个爱国主义教育基地精选》编委会编写. 枪杆子里出政权. 贵阳：贵州大学出版社，2010

4.《中宣部首批公布百个爱国主义教育基地精选》编委会编写. 铭记历史勿忘国耻. 贵阳：贵州大学出版社，2010

5.《中宣部首批公布百个爱国主义教育基地精选》编委会编写. 新中国时代英模. 贵阳：贵州大学出版社，2010

6.中共中央宣传部宣传教育局组织编写. 第四批全国爱国主义教育示范基地巡礼. 北京：学习出版社，2009

7.石存信、段建海、阎树群. 精神丰碑：百个爱国主义教育示范基地巡礼. 西安：陕西人民出版社，2005